accueillir les millions d'hommes, de femmes et d'enfants qui ont tout perdu lors des débords de nos bons vieux océans… Dans chaque fédération des cinq continents, des quartiers entiers vont être réhabilités, repensés, afin d'offrir (c'est lui qui le dit) « une capacité de logement suffisante, conviviale et rassurante ».

03 nov-2036 18.48
L'EL JADAHOUI : LE PROGRAMME DE REHABILITATION STOPPE AU BOUT DE SIX MOIS.

Dire qu'on vous aura prévenu !... Par manque du pognon nécessaire à la mise en œuvre de ses trop fumeuses idées, le gouvernement fédéral français a annoncé, ce matin, devant l'ONU, qu'il mettait lui aussi un terme à son programme parisien de logements sociaux. Alors que le gros œuvre venait d'être achevé, le gouverneur fédéral Laurent Nguyen et l'architecte Zoran Popochnik acceptaient enfin de retirer les peaux de sauc' qu'ils avaient devant les yeux. C'était pourtant clair, les mecs : on ne dépense pas des millions de dollars-T à nettoyer le quartier de l'El Jadahoui de sa faune de squatters et autres paumés, pour ensuite se rendre compte qu'on n'a plus les moyens d'aller au bout de ses prétentions architecturales.

15 déc-2036 09.16 OU VA CE PUTAIN DE MONDE ? 3 DAMES DE LA CHARITE BOULOTTEES PAR UNE BANDE DE GOSSES ERRANTS.

Parfois, ça fait chier de compatir avec les riches et les puissants, mais voilà le genre d'obscénité que la vie nous réserve et qu'on ne souhaite pourtant voir arriver à personne. Hier, le 14 décembre 2036, à dix jours de Noël, Emilia Harrisson, Cyndi Potter et Georgia Blumfeld,

APRÈS LA GUERRE

LUC BRUNSCHWIG
RÉCIT

FREDDY MARTIN
DESSIN
AVEC LA COMPLICITÉ DE
ÉTIENNE LE ROUX

VINCENT FROISSARD
COULEUR

Futuropolis

LE PREMIER TRUC DONT JE SUIS SÛR...
C'EST QUE PERSONNE N'A OUBLIÉ CE QU'IL FOUTAIT AU MOMENT OÙ "L'ÉVÉNEMENT" A EU LIEU...
MOI, PAR EXEMPLE, JE ME TROUVAIS DANS LE GRENIER DE NOTRE SQUAT... AU 145 AVENUE SÉCHAN... PARIS XVIIIE... EN COMPAGNIE DE LEYLA KOVACS.
ELLE ET MOI, ON PRÉPARAIT LA COMMANDE DU VIEUX MELKI, UN MAROCAIN QUI FAISAIT DANS L'INSECTE FRIT À EMPORTER...
10 KILOS DE VERS BLANCS ET GRAS QU'ON LUI FOURGUAIT 5 CENTS DE DOLLARS-T LES 100 GRAMMES.
HEY !? C'EST DÉGUEULASSE !
QUOI ? LES CHATS CREVÉS OU LES ASTICOTS ?
NAN, LA MAIN QUE T'AS FOURRÉE SOUS MON T-SHIRT, P'TIT CON !
J'AI PAS MIS D'SOUS-TIF !

J'TE RAPPELLE QU'EN CE MOMENT, JE COUCHE AVEC TON FRANGIN, PAUVRE CRÉTIN !
ÇA TOMBE BIEN, LEYLA... J'T'AIME COMME UNE SŒUR !
ET TU ROULERAIS UN PATIN À TA PROPRE FRANGINE, GORDIE ?
FAUT VOIR !...
J'DIS PAS NON AVANT D'AVOIR ESSAYÉ !
GORDON !
HO ! GORDIE !
ENFOIRÉ D'PUCEAU !
FAUT QU'VOUS VENIEZ VOIR ÇA ! VITE !
C'EST DINGUE DE CHEZ DINGUE !!!
16 SEPTEMBRE 2038
C'EST QUOI QU'EST DINGUE ?
J'PEUX PAS TE DIRE, MEC ! FAUT QUE TU L'VOIS DE TES PROPRES YEUX !
SINON, TU VAS CROIRE QUE JE ME FICHE DE TOI...

QUOI, DONC ?...
C'EST RAÜL ?...
RAÜL A RÉUSSI À LES BAISER AU KILLER-CAT ?
N... NAN ! RIEN À VOIR !
QUOI ALORS ?... VOUS AVEZ GAULÉ UN BIDON D'ESSENCE AU MUSÉE DE L'AUTOMOBILE...
ATTENDS...
ON PART SQUATTER UN LIFE-PALACE SUR "L'ÎLE AUX RUPINS" ?!?
POUR FAIRE ROULER LA CHIOTTE À PIETRO ?
ZORA N'EST PLUS FRIGIDE ?!?
LA FERME, GORDIE...
POUR UNE FOIS, JE CROIS QUE C'EST IMPORTANT !!!
ET C'EST VRAI QUE ÇA AVAIT L'AIR DRÔLEMENT IMPORTANT.
EN DEUX ANS DE VIE COMMUNE, C'ÉTAIT LA PREMIÈRE FOIS QUE JE VOYAIS MES POTES S'INTÉRESSER À CE QUE DÉGOISAIT AMERICA'S SPEAKING.
ATTENTION ! FIN DES PUBS...
LES NEWS REPRENNENT...
AMERICA'S SPEAKING... LA SEULE CHAÎNE DE TÉLÉ À ÉMETTRE ENCORE POUR TOUTE LA PLANÈTE.
LA VOIX DES MULTINATIONALES ET DU GOUVERNEMENT MONDIAL...

PAS LE GENRE D'INSTITUTION À FAIRE DES BLAGUES VASEUSES À UNE HEURE DE GRANDE ÉCOUTE.
AMERICA-S SPEAKING
MESDAMES...
MESSIEURS...
BREAKINGNE
HANK HARMON
NOUS VENONS D'OBTENIR DAVANTAGE DE DÉTAILS SUR LES TROIS VAISSEAUX EXTRA-TERRESTRES QUI SE DIRIGENT EN CE MOMENT MÊME VERS NOTRE PLANÈTE.
ALORS ?!?
C'EST QUOI, L'BLÈME ?
CELA FAIT MAINTENANT DIX MOIS QUE NOTRE HAUT COMMANDEMENT MILITAIRE ET LA PRÉSIDENCE ONUSIENNE SUIVENT DE PRÈS CETTE INVRAISEMBLABLE AFFAIRE...
CEPENDANT, LE PRÉSIDENT TRIPPELHORN AVAIT DÉCIDÉ DE METTRE LE BLACK-OUT SUR TOUTE L'INFORMATION, TANT QUE LE CONTACT N'AVAIT PU ÊTRE ÉTABLI AVEC LES VISITEURS.
AMERICA-S SPEAKING
IL SEMBLAIT, EN EFFET, INUTILE D'ALARMER LA POPULATION TERRESTRE ALORS QU'ON IGNORAIT TOUT DE LEURS INTENTIONS.
LES PREMIERS MESSAGES DE BIENVENUE ONT ÉTÉ ENVOYÉS VERS L'ESPACE DÈS LE 21 JUIN, ADRESSÉS PAR ONDE, SUBLUMINIQUES ET RÉPÉTÉS À INTERVALLES DE 24 HEURES.
AMERICA-S SPEAKING
C'EST LE RÉSULTAT DE CES PREMIÈRES TENTATIVES DE COMMUNICATION QUI A DÉCIDÉ L'ONU À SORTIR DE SON MUTISME.
KINGNEWS
NK HARMON
JE LE RÉPÈTE ENCORE UNE FOIS : TROIS NEFS SPATIALES... CHACUNE DE LA TAILLE D'UNE MÉGAPOLE... S'AVANCENT SUR NOUS À LA VITESSE DE MILLE FOIS MACH 1... SOIT ENVIRON 300.000 KILOMÈTRES À LA SECONDE.
CES CHIFFRES PEUVENT VOUS PARAÎTRE ABSTRAITS. SACHEZ JUSTE, QU'À UNE TELLE ALLURE, NOS VISITEURS AURONT REJOINT LA TERRE DANS À PEINE PLUS D'UNE ANNÉE.
SCOTT-C TRIPPELHORN
PRESIDENT DE L ONU
NOUS SOMMES EN TRAIN DE VIVRE CE QUI RESTERA SANS DOUTE L'ÉVÉNEMENT LE PLUS IMPORTANT DE L'HISTOIRE DE L'HUMANITÉ...
TOUS NOUS AURIONS SOUHAITÉ QUE CETTE RENCONTRE SE PASSE DE FAÇON PACIFIQUE... ET POURQUOI NE PAS LE DIRE, DE FAÇON FRATERNELLE.

MALHEUREUSEMENT, NOS TENTATIVES, SANS CESSE RENOUVELÉES, POUR ENTRER EN CONTACT AVEC LES TROIS NEFS SPATIALES, SONT RESTÉES SANS RÉPONSE.
NOS CONSULTANTS SCIENTIFIQUES SONT POURTANT FORMELS : UNE INTELLIGENCE CAPABLE DE METTRE AU POINT LES TECHNOLOGIES NÉCESSAIRES À LA NAVIGATION ENTRE GALAXIES NE PEUT IGNORER LE SENS DE NOS MESSAGES...
NI ÊTRE DANS L'INCAPACITÉ DE NOUS RÉPONDRE.
IL NOUS FAUT DONC CONSIDÉRER QUE CES VISITEURS EXTRATERRESTRES REFUSENT SCIEMMENT DE NOUS INFORMER DE LEURS INTENTIONS.
JE ME DOIS MAINTENANT D'ÊTRE CLAIR : L'ANNÉE QUI VIENT SERA DÉTERMINANTE POUR NOTRE AVENIR SUR CETTE TERRE.
IL NOUS RESTE À PEINE PLUS DE 365 JOURS POUR NOUS PRÉPARER ENSEMBLE À ACCUEILLIR CES CRÉATURES DONT NOUS IGNORONS TOUT.
DURANT CETTE ANNÉE, NOUS MOBILISERONS TOUS LES HOMMES ET TOUTES LES FEMMES ENTRE 15 ET 40 ANS, APTES PHYSIQUEMENT ET EN MESURE DE PORTER UNE ARME.
DÈS AUJOURD'HUI, NOTRE MONDE DOIT SE CONSIDÉRER EN ÉTAT DE GUERRE.
QUE LES DIEUX NOUS VIENNENT EN AIDE.

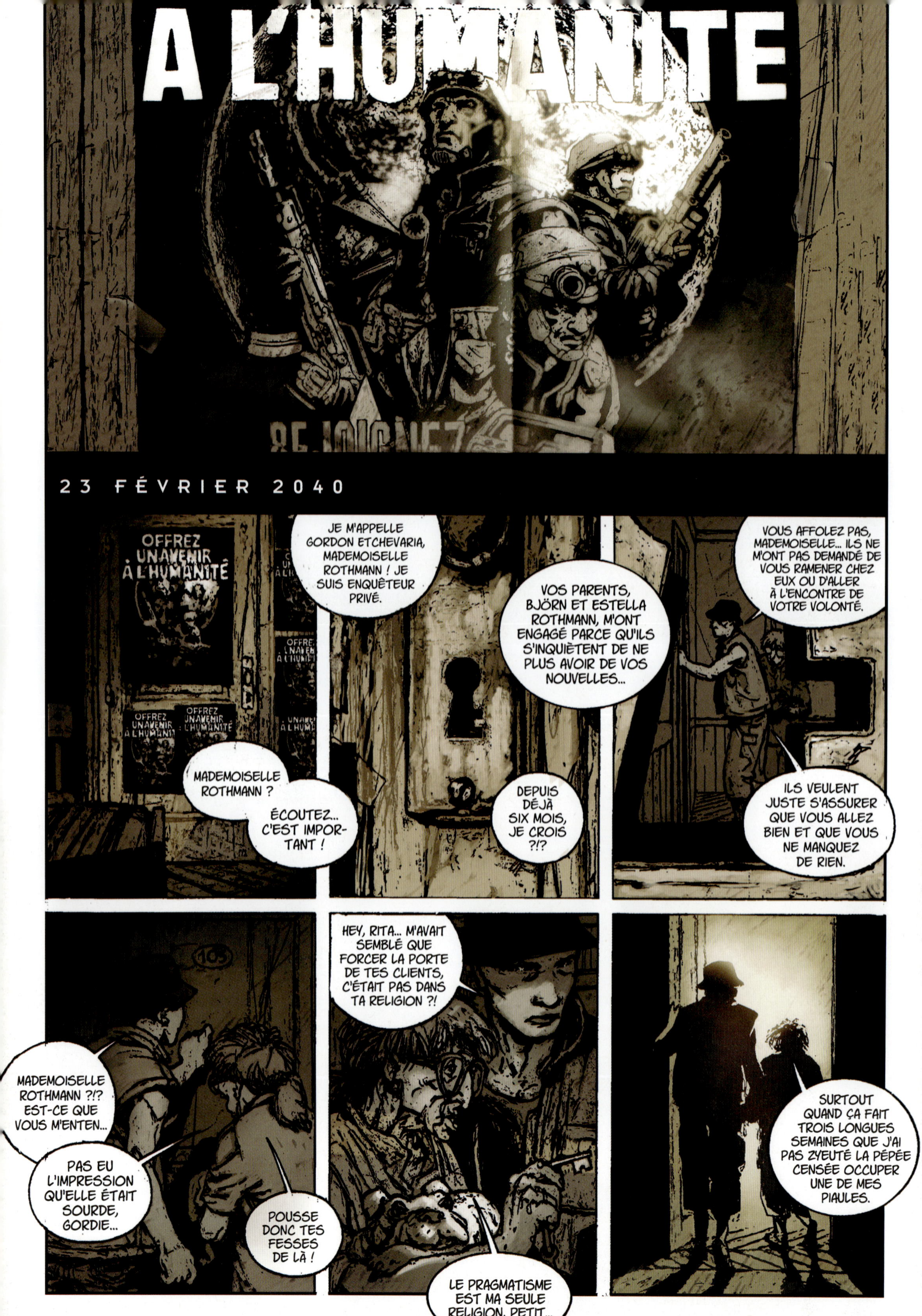
A L'HUMANITE
23 FÉVRIER 2040
OFFREZ UN AVENIR À L'HUMANITÉ
MADEMOISELLE ROTHMANN ?
ÉCOUTEZ... C'EST IMPORTANT !
JE M'APPELLE GORDON ETCHEVARIA, MADEMOISELLE ROTHMANN ! JE SUIS ENQUÊTEUR PRIVÉ.
VOS PARENTS, BJÖRN ET ESTELLA ROTHMANN, M'ONT ENGAGÉ PARCE QU'ILS S'INQUIÈTENT DE NE PLUS AVOIR DE VOS NOUVELLES...
DEPUIS DÉJÀ SIX MOIS, JE CROIS ?!?
VOUS AFFOLEZ PAS, MADEMOISELLE... ILS NE M'ONT PAS DEMANDÉ DE VOUS RAMENER CHEZ EUX OU D'ALLER À L'ENCONTRE DE VOTRE VOLONTÉ.
ILS VEULENT JUSTE S'ASSURER QUE VOUS ALLEZ BIEN ET QUE VOUS NE MANQUEZ DE RIEN.
MADEMOISELLE ROTHMANN ?!? EST-CE QUE VOUS M'ENTEN...
PAS EU L'IMPRESSION QU'ELLE ÉTAIT SOURDE, GORDIE...
POUSSE DONC TES FESSES DE LÀ !
HEY, RITA... M'AVAIT SEMBLÉ QUE FORCER LA PORTE DE TES CLIENTS, C'ÉTAIT PAS DANS TA RELIGION ?!
LE PRAGMATISME EST MA SEULE RELIGION, PETIT...
SURTOUT QUAND ÇA FAIT TROIS LONGUES SEMAINES QUE J'AI PAS ZYEUTÉ LA PÉPÉE CENSÉE OCCUPER UNE DE MES PIAULES.

VIDE !
ET CHIOTTE !
TU NE L'AS PAS VUE SORTIR ?
NAN. PLEIN DE CLIENTS RENTRENT ET SORTENT PAR LES ÉCHELLES D'INCENDIE.
M'EN COGNE, DU MOMENT QU'ILS PAIENT POUR LA CLÉ.
RRR
HEY ! ON DIRAIT QUE LA PIÈCE EST MOINS VIDE QU'ON L'AVAIT CRU !
GRRR
ALLEZ ! VAS-Y, KIKI ! DÉLOGE-MOI CES SALETÉS...
GROA
RMFHH
GROAAA
IIIK
TUE-LE, MON CHIEN ! TUE-LE !
"CHERCHEZ MA FILLE DANS DES HÔTELS À PLUS DE 25 DOLLARS-T LA NUIT, M. ETCHEVARIA..."

JULIETTA EST HABITUÉE À UN CERTAIN CONFORT.
ALORS, MÊME SI NOUS LE REGRETTONS AUJOURD'HUI...
MALGRÉ LE TRISTE ÉTAT DE NOTRE MONDE, MA FAMILLE ET CELLE DE MON ÉPOUX ONT TOUJOURS COMPTÉ PARMI LES PRIVILÉGIÉS.
NOUS N'AVONS PU LAISSER PARTIR NOTRE FILLE SANS LUI DONNER DE QUOI SUBVENIR À SES BESOINS... POUR DE LONGS MOIS.
BON KIKI !
TRÈS BON KIKI, OUAIIIIS !
TU POURRAS TE LE GOINFRER, SI TU EN AS ENVIE.
ELLE T'A DIT CE QU'ELLE VENAIT FOUTRE À PARIS ?
EN TOUT CAS... SES VÊTEMENTS ET SA VALISE SONT TOUJOURS DANS LE PLACARD.
MA FILLE N'EST PAS UNE DE CES REBELLES QUE VOUS AVEZ L'HABITUDE DE TRAQUER, M. ETCHEVARIA.
ELLE SE MOQUE BIEN DES EXTRATERRESTRES ET DES GRANDS PROBLÈMES PHILOSOPHIQUES DU XXIE SIÈCLE...
TOUT CE QUE JE SAIS, C'EST QUE PENDANT SA PREMIÈRE SEMAINE ICI, ELLE A PAS MAL VU UN TYPE D'UNE CINQUANTAINE D'ANNÉES, BEAU GOSSE, BELLES FRINGUES, PLUTÔT BIEN NOURRI.
C'EST MÊME LUI QUI PAYAIT POUR SA CHAMBRE... ENFIN, M'A SEMBLÉ !
TU SAIS PAS S'IL BOSSAIT DANS LE CINÉMA, DES FOIS ?
HA ! HA ! T'AS D'CES DRÔLES DE QUESTIONS, PETIT !
LE CINÉMA ?!? ET QUOI, ENCORE ?
JULIETTA A TOUJOURS ÉTÉ PASSIONNÉE PAR LE CINÉMA... LES ACTEURS... MÊME SI LA PRODUCTION DE FILM A ÉTÉ ARRÊTÉE BIEN AVANT SA NAISSANCE.
QUAND DES RUMEURS NOUS SONT PARVENUES, DISANT QU'UN STUDIO VENAIT DE ROUVRIR SES PORTES DANS LA CAPITALE...
CETTE PORTE ! ELLE DONNE SUR QUOI ?
LA SALLE DE BAINS.
"NOUS N'AVONS PU EMPÊCHER NOTRE FILLE D'ALLER RÉALISER SON RÊVE."

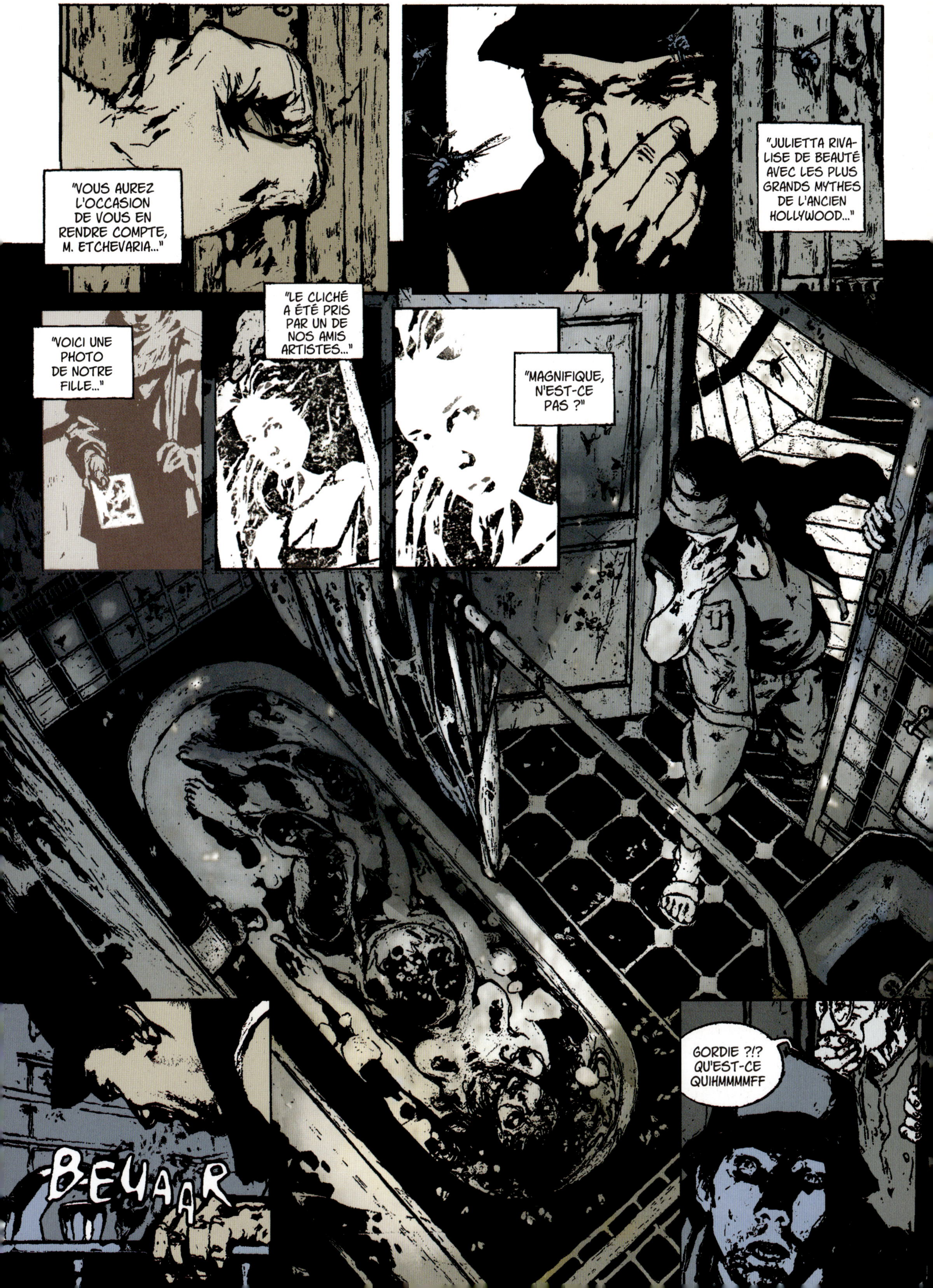
"VOUS AUREZ L'OCCASION DE VOUS EN RENDRE COMPTE, M. ETCHEVARIA..."
"JULIETTA RIVA-LISE DE BEAUTÉ AVEC LES PLUS GRANDS MYTHES DE L'ANCIEN HOLLYWOOD..."
"VOICI UNE PHOTO DE NOTRE FILLE..."
"LE CLICHÉ A ÉTÉ PRIS PAR UN DE NOS AMIS ARTISTES..."
"MAGNIFIQUE, N'EST-CE PAS ?"
BEUAAR
GORDIE ?!? QU'EST-CE QUIHMMMMFF

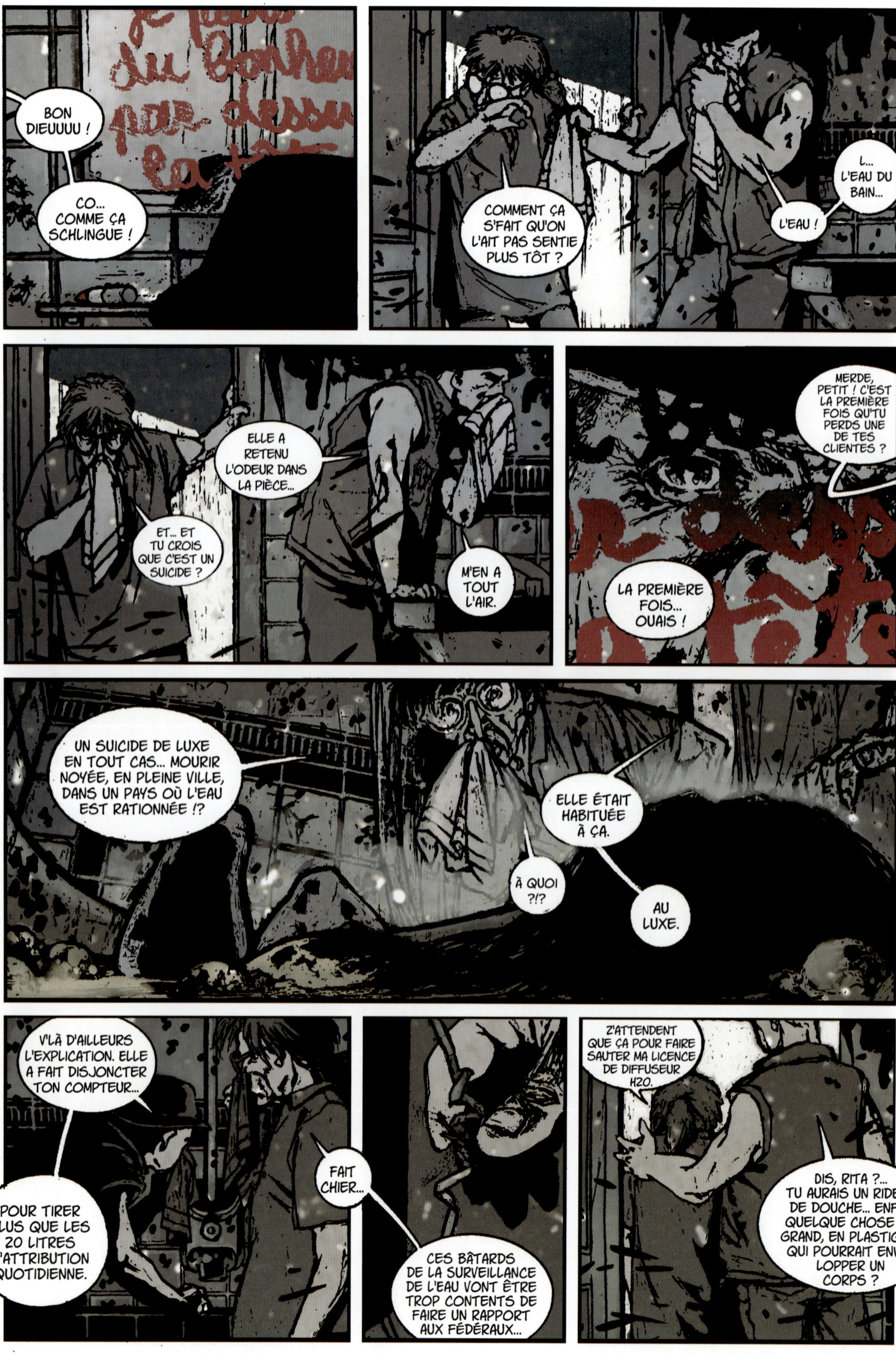

BON DIEUUUU !
CO... COMME ÇA SCHLINGUE !
COMMENT ÇA S'FAIT QU'ON L'AIT PAS SENTIE PLUS TÔT ?
L'EAU !
L... L'EAU DU BAIN...
ELLE A RETENU L'ODEUR DANS LA PIÈCE...
ET... ET TU CROIS QUE C'EST UN SUICIDE ?
M'EN A TOUT L'AIR.
MERDE, PETIT ! C'EST LA PREMIÈRE FOIS QU'TU PERDS UNE DE TES CLIENTES ?
LA PREMIÈRE FOIS... OUAIS !
UN SUICIDE DE LUXE EN TOUT CAS... MOURIR NOYÉE, EN PLEINE VILLE, DANS UN PAYS OÙ L'EAU EST RATIONNÉE !?
ELLE ÉTAIT HABITUÉE À ÇA.
À QUOI ?!?
AU LUXE.
V'LÀ D'AILLEURS L'EXPLICATION. ELLE A FAIT DISJONCTER TON COMPTEUR...
POUR TIRER PLUS QUE LES 20 LITRES D'ATTRIBUTION QUOTIDIENNE.
FAIT CHIER...
CES BÂTARDS DE LA SURVEILLANCE DE L'EAU VONT ÊTRE TROP CONTENTS DE FAIRE UN RAPPORT AUX FÉDÉRAUX...
Z'ATTENDENT QUE ÇA POUR FAIRE SAUTER MA LICENCE DE DIFFUSEUR H2O.
DIS, RITA ?... TU AURAIS UN RIDEAU DE DOUCHE... ENFIN, QUELQUE CHOSE DE GRAND, EN PLASTIQUE, QUI POURRAIT ENVELOPPER UN CORPS ?

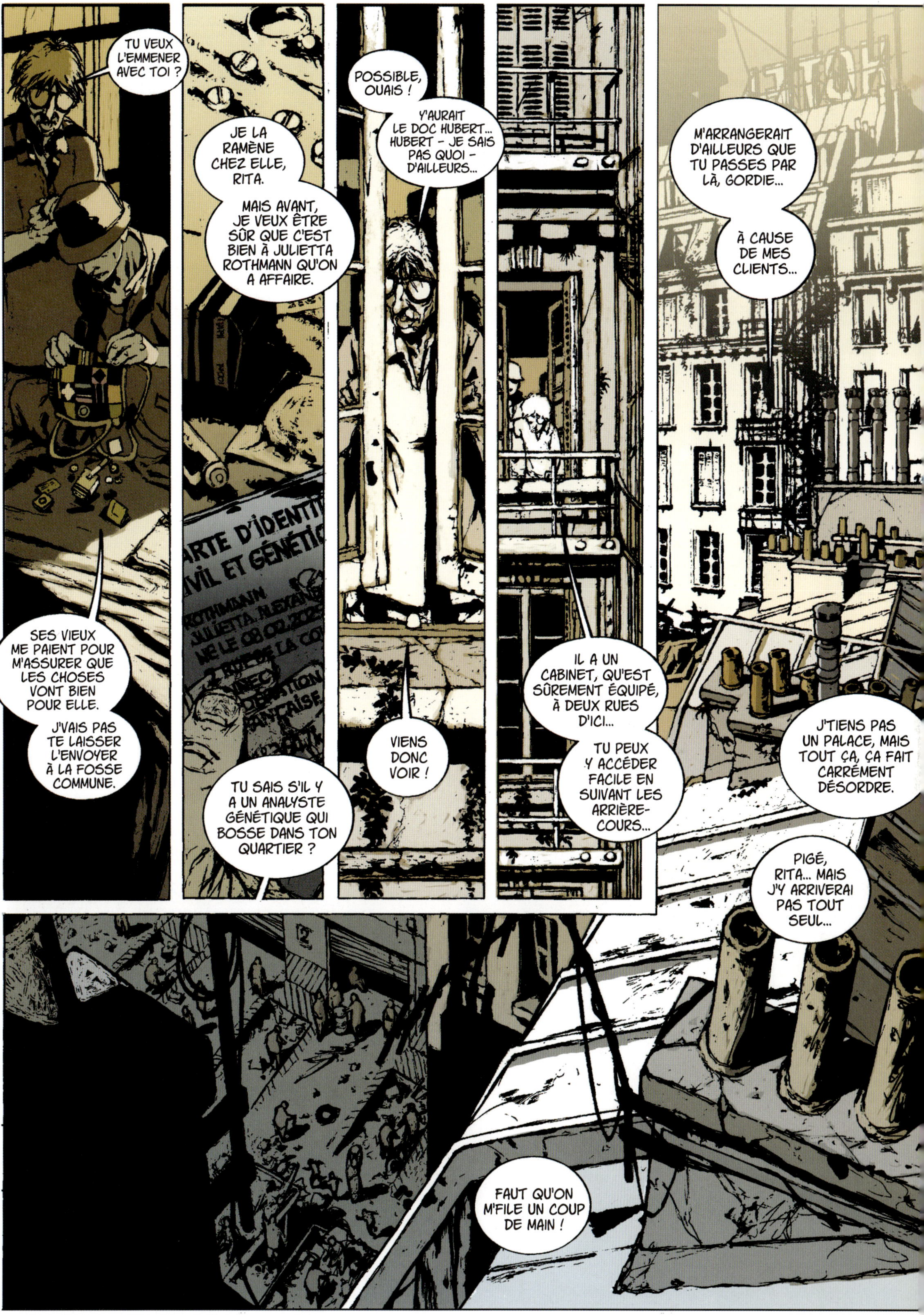

TU VEUX L'EMMENER AVEC TOI ?
JE LA RAMÈNE CHEZ ELLE, RITA.
MAIS AVANT, JE VEUX ÊTRE SÛR QUE C'EST BIEN À JULIETTA ROTHMANN QU'ON A AFFAIRE.
SES VIEUX ME PAIENT POUR M'ASSURER QUE LES CHOSES VONT BIEN POUR ELLE.
J'VAIS PAS TE LAISSER L'ENVOYER À LA FOSSE COMMUNE.
TU SAIS S'IL Y A UN ANALYSTE GÉNÉTIQUE QUI BOSSE DANS TON QUARTIER ?
POSSIBLE, OUAIS !
Y'AURAIT LE DOC HUBERT... HUBERT - JE SAIS PAS QUOI - D'AILLEURS...
VIENS DONC VOIR !
IL A UN CABINET, QU'EST SÛREMENT ÉQUIPÉ, À DEUX RUES D'ICI...
TU PEUX Y ACCÉDER FACILE EN SUIVANT LES ARRIÈRE-COURS...
M'ARRANGERAIT D'AILLEURS QUE TU PASSES PAR LÀ, GORDIE...
À CAUSE DE MES CLIENTS...
J'TIENS PAS UN PALACE, MAIS TOUT ÇA, ÇA FAIT CARRÉMENT DÉSORDRE.
PIGÉ, RITA... MAIS J'Y ARRIVERAI PAS TOUT SEUL...
FAUT QU'ON M'FILE UN COUP DE MAIN !

ALORS, COMME ÇA... TOUT JEUNOT QU'T'ES...
T'ES ENQUÊTEUR PRIVÉ ?
S'IL VOUS PLAÎT, LES GARS... LAISSEZ-NOUS PASSER !
MERCI !
VOUS TRANSPORTEZ QUOI LÀ-DEDANS ?!?
VACHE ! EN CE MOMENT... AVEC TOUTES CES FAMILLES QU'ONT PLUS DE NOUVELLES DES UNS OU DES AUTRES, TU DOIS MÉCHAMMENT GAGNER TA THUNE ?
VOUS TRANSPORTEZ QUOI LÀ-DEDANS ???
J'CROIS QU'ÇA M'BRANCHERAIT BIEN COMME JOB !
ATTENTION ! JE DIS PAS QUE FAIRE DES MÉNAGES POUR LA VIEILLE RITA, C'EST POURRI...
Y'A PLUS D'UN D'CES POUILLEUX QUI EN RÊVERAIT...
Je coupe vos cheveux 1 dollar
MAIS À FORCE DE VOIR LES GENS ALLER ET VENIR DANS C'T'HÔTEL, DE DÉPLACER LES FRINGUES QU'ILS LAISSENT TRAÎNER, DE NETTOYER LES TACHES SUR LEURS DRAPS OU DANS LEURS LAVABOS, D'ENTENDRE LEURS VOIX DERRIÈRE LES PORTES...
BEN, ÇA A DÉVELOPPÉ MON SENS DE LA DÉDUCTION, TU VOIS ?

J'ARRIVE À T'EN DRESSER UN PORTRAIT-ROBOT SANS MÊME LES AVOIR VRAIMENT VUS !
ÇA DOIT ÊTRE IMPORTANT ? CE GENRE DE DON ? DANS TON BOULOT ?
NON ?
MERDE !...
T'ES PAS L'TYPE À ENCOURAGER LES VOCATIONS, TOI ?!
CECI DIT... QUAND J'ME SUIS PRÉSENTÉ AU CENTRE D'ENTRAÎNEMENT, À LA MOBILISATION GÉNÉRALE...
Z'ÉTAIENT PAS PLUS ENCOURA-GEANTS QUE TOI !
TROP VIEUX POUR ÊTRE ENGAGÉ, QU'Y DISAIENT !
MAIS C'ÉTAIT AVANT QUE JE LEUR MONTRE DE QUOI EST CAPABLE LE VIEUX PENG ! HA HA HA !
DANS LES COMMANDOS DU GÉNIE QUE J'AI FINI... À LA BASE D'ENTRAÎNEMENT DE MARNE-LA-VALLÉE... DANS L'ANCIEN PARC D'ATTRAC...
HÉÉÉÉÉÉ !
V'LÀ L'DOC !
MADAME !
SI VOUS VOULEZ BIEN ME SUIVRE.
ALORS, C'EST LUI ?
DOC HUBERT... C'EST BIEN ÇA ?!?
C'EST ÇA !
ET TOI NON PLUS, TU CONNAIS PAS SON NOM DE FAMILLE ?
BEN NON ! DOC HUBERT... TOUT L'MONDE L'APPELLE COMME ÇA.
POURQUOI ? Y'A UN PROBLÈME ?
HEIN ? EUH... NAN !
JE SAIS PAS...

"Y'M' FAIT BIZARRE, CE TYPE..."
FAITES-LUI DE LA PLACE... IL A UN FLINGUE...
VAS-Y, MEC ! PÈTE-NOUS CETTE SALOPERIE...
2 OCTOBRE 2038
OUAIS ! OUAIS ! DONNE-NOUS UN PEU D'AIR ! PAR PITIÉ !
MAGNE-TOI UN PEU ! PUTAIN !
TIRE, RHETT !
ALLEZ ! TIRE ! HA HA HA !
PAW PAW PAW PAW
HIAAAAA
RAAAAA ! MERCI ! MERCI !

À TON AVIS ? OÙ ON EST, LÀ ?
LOIN DE PANAM, ÇA, C'EST CLAIR !
QUAND T'AS PLUS UNE BARAQUE À TE FOUTRE SOUS LES YEUX, C'EST QUE LA CAPITALE EST MINIMUM À 100 BORNES DE LÀ !
ET HOURRAH POUR NOS SAUVEURS !
C'TE TERRE EST PAS PARFAITE... MAIS ON VEUT SE LA GARDER POUR NOUS !
LES LAISSEZ PAS PASSER, LES GARS !
ON LES LAISSERA PAS PASSER, M'SIEUR !
C'EST JURÉ !
MERDE, C'EST TARÉ ! TU CROIS QU'ON VA DEVENIR DES HÉROS ?
CONNERIES, OUAIS !
J'VAIS TE DIRE C'QUE J'CROIS, MOI...
J'CROIS QU'ON COMPREND PAS VRAIMENT CE QUI EST EN TRAIN DE NOUS ARRIVER.
J'CROIS QUE NOTRE VIE D'AVANT, C'EST FINI... ET QU'ON N'EST PAS VRAIMENT SÛR D'AVOIR UNE VIE D'APRÈS.
ON PART À LA GUERRE, PETIT FRÈRE... ÇA VEUT DIRE QU'Y A DES ENFOIRÉS, EN FACE, QUI VONT VOULOIR NOUS FAIRE LA PEAU. J'CROIS SURTOUT QUE PERSONNE SAIT À QUOI RESSEMBLENT LES ENFOIRÉS EN QUESTION ET QUE DE CE CÔTÉ-LÀ, Y'A DU SOUCIS À SE FAIRE.
FLIPPE PAS COMME ÇA, RHETT !
LA BASTON, ÇA NOUS CONNAÎT, NAN ?

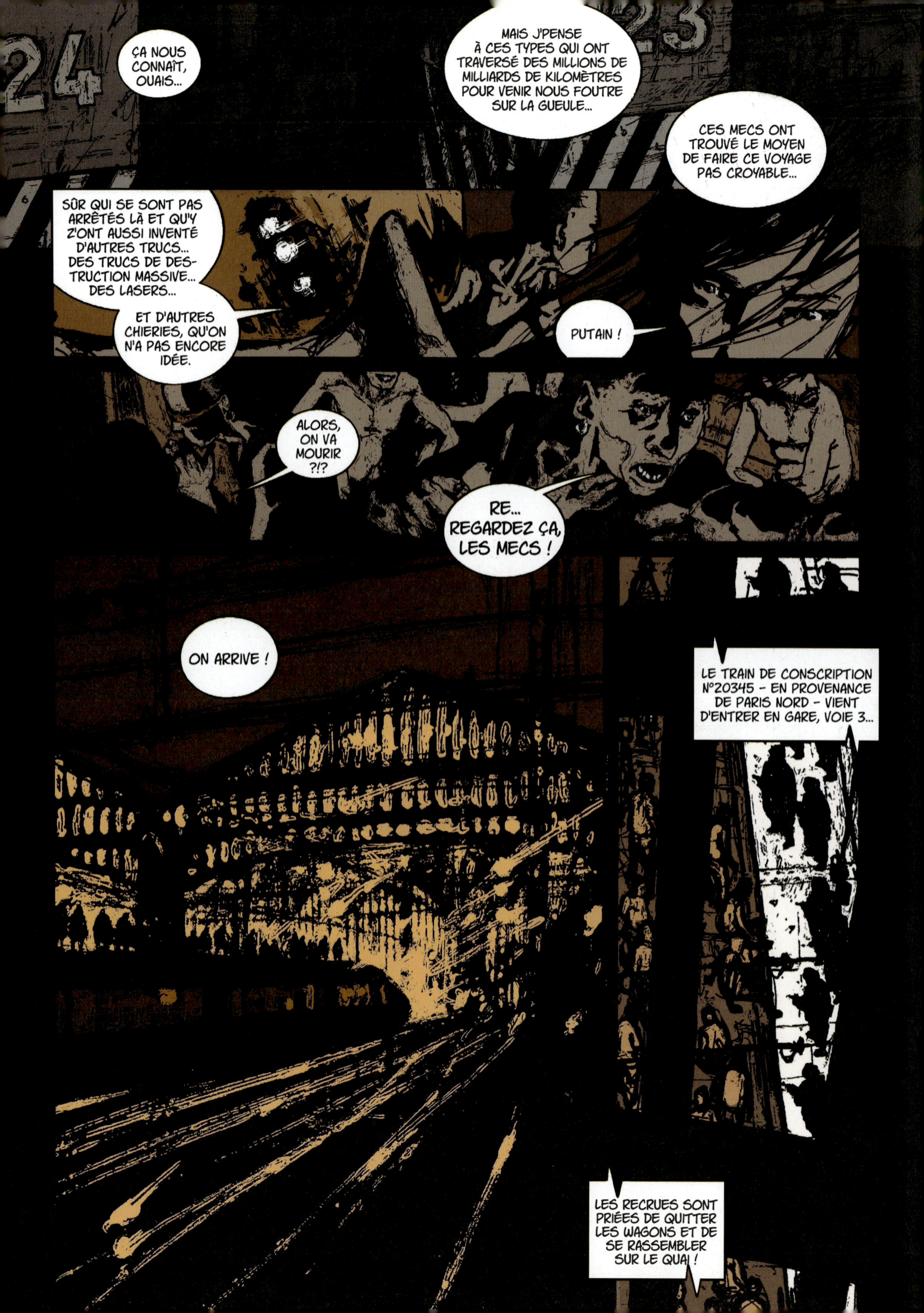
ÇA NOUS CONNAÎT, OUAIS...
MAIS J'PENSE À CES TYPES QUI ONT TRAVERSÉ DES MILLIONS DE MILLIARDS DE KILOMÈTRES POUR VENIR NOUS FOUTRE SUR LA GUEULE...
CES MECS ONT TROUVÉ LE MOYEN DE FAIRE CE VOYAGE PAS CROYABLE...
SÛR QUI SE SONT PAS ARRÊTÉS LÀ ET QU'Y Z'ONT AUSSI INVENTÉ D'AUTRES TRUCS... DES TRUCS DE DESTRUCTION MASSIVE... DES LASERS...
ET D'AUTRES CHIERIES, QU'ON N'A PAS ENCORE IDÉE.
PUTAIN !
ALORS, ON VA MOURIR ?!?
RE... REGARDEZ ÇA, LES MECS !
ON ARRIVE !
LE TRAIN DE CONSCRIPTION N°20345 - EN PROVENANCE DE PARIS NORD - VIENT D'ENTRER EN GARE, VOIE 3...
LES RECRUES SONT PRIÉES DE QUITTER LES WAGONS ET DE SE RASSEMBLER SUR LE QUAI !

VOUS, LES CHIURES DE MOUCHES ! DESCENDEZ DE LÀ !
ON VOUS LE DIRA PAS DEUX FOIS ! OK ?

HEEE !
MARRE QUE VOUS DÉTRUISIEZ LE MATÉRIEL DE LA FÉFÉRATION !
SOLDATS !
ICI LE COMMANDANT LUTHER LOHMAN...
MERCI À TOUS DE NOUS AVOIR REJOINTS.
DÉSOLÉ, SI NOUS NE VOUS AVONS PAS VRAIMENT LAISSÉ LE CHOIX !
PENDANT UNE LONGUE ANNÉE, VOUS ALLEZ VIVRE ICI, AVEC MES HOMMES ET MOI. VOUS ALLEZ BÉNÉFICIER DE NOTRE ENSEIGNEMENT... ET APPRENDRE À TUER !
ATTENTION ! IL NE S'AGIT PAS DE TUER DE FAÇON IMPULSIVE ET INCONTRÔLÉE... ÇA JE SAIS DÉJÀ QUE NOMBRE D'ENTRE VOUS EN SONT CAPABLES...
MAIS DE TUER DE FAÇON PONCTUELLE ET DISCERNÉE.
SOLDATS !
JE VEUX FAIRE DE VOUS UN POING DUR, LOURD ET FULGURANT, CAPABLE DE FRAPPER LE VENTRE DE NOTRE ADVERSAIRE.

LE PROBLÈME, SOLDATS... C'EST QUE POUR DEVENIR UN POING EFFICACE... UNE MAIN A BESOIN DE DISCIPLINER CHACUN DE SES DOIGTS.
IL FAUT QUE TOUS, ILS SE REPLIENT...
ENSEMBLE...
EN UN SEUL MOUVEMENT...
POUR NE PLUS FORMER QU'UN TOUT SOLIDAIRE QUI VA...
CONCENTRER ET DÉCHARGER TOUTE SON ÉNERGIE...
YHIIAAAH
POUR LA PLUPART, VOUS ÊTES DES CHIENS ENRAGÉS... DES MARGINAUX SANS FOI, NI LOI... DE MÉPRISABLES PETITES CREVURES...
TROP COOL !!!
CHACUN D'ENTRE VOUS EST UN DOIGT DE CETTE MAIN, SOLDATS !
OUAIIIS !
PUIIIIPUIIITT PUIITTPUIIIIIIIII
MAIS POUR LE MOMENT, JE VOUS CROIS INCAPABLE DE FORMER "CE POING" DONT NOTRE TERRE A SI IMPÉRATIVEMENT BESOIN.
HEY ?!?
C'EST ÇA, CONNARD ! VA TE FAIRE !
ET POUR LES PIRES D'ENTRE VOUS... D'ABJECTS CANNIBALES.
"DES CANNIBALES" ?!... L'ENFOIRÉ !
FAUDRAIT CHANGER D'DISQUE ! ÇA COMMENCE À DATER CE TRUC À LONDRES.
AUTANT DE CHOSES QUE VOS PARENTS SEMBLENT AVOIR OUBLIÉ DE VOUS ENSEIGNER.
POUR RÉUSSIR, IL FAUDRAIT QUE JE CONNAISSE PARFAITEMENT CHACUN D'ENTRE VOUS...
SOLDATS !
JE SUIS ICI POUR VOUS APPRENDRE LA VIE EN COMMUNAUTÉ, LA SOLIDARITÉ DE GROUPE, À AGIR TOUS EN MÊME TEMPS ET DANS LE MÊME SENS...

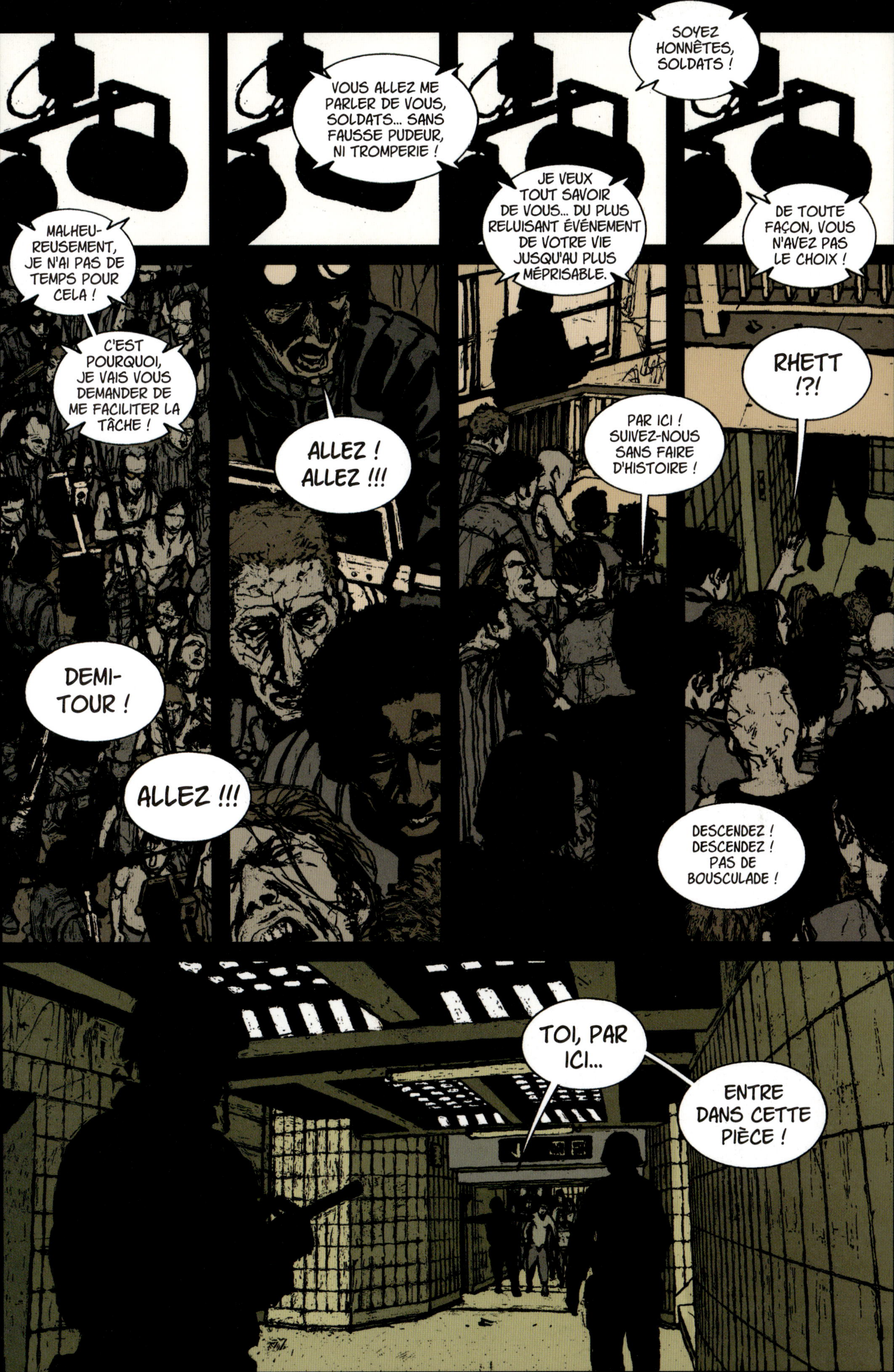
MALHEU-REUSEMENT, JE N'AI PAS DE TEMPS POUR CELA !
C'EST POURQUOI, JE VAIS VOUS DEMANDER DE ME FACILITER LA TÂCHE !
DEMI-TOUR !
ALLEZ !!!
VOUS ALLEZ ME PARLER DE VOUS, SOLDATS... SANS FAUSSE PUDEUR, NI TROMPERIE !
ALLEZ ! ALLEZ !!!
JE VEUX TOUT SAVOIR DE VOUS... DU PLUS RELUISANT ÉVÉNEMENT DE VOTRE VIE JUSQU'AU PLUS MÉPRISABLE.
PAR ICI ! SUIVEZ-NOUS SANS FAIRE D'HISTOIRE !
SOYEZ HONNÊTES, SOLDATS !
DE TOUTE FAÇON, VOUS N'AVEZ PAS LE CHOIX !
RHETT !?!
DESCENDEZ ! DESCENDEZ ! PAS DE BOUSCULADE !
TOI, PAR ICI...
ENTRE DANS CETTE PIÈCE !

RHETT ? QU'EST-CE QUE...
INVENTE... MENS...
MOINS ON LEUR EN DIRA ET MIEUX CE SERA !
TOI ! LÀ-DEDANS !
RHEEEETT ?!?
TOUT DOUX SOLDAT !
VIENS T'ASSEOIR SUR CE SIÈGE !
VOILÀ ! TU VAS PARLER DANS CE MICRO !
TOUT CE QUE TU VAS DIRE SERA ENREGISTRÉ, ANALYSÉ PAR NOS SERVICES, PUIS ARCHIVÉ !
AFIN DE M'ASSURER DE LA VALIDITÉ DE TES RÉPONSES...
JE VAIS PRENDRE LE CONTRÔLE DE TON PSYCHISME...
AS-TU DÉJÀ ENTENDU PARLER DES NEUROS-HYPNOTIQUES, SOLDAT ?
N'ESSAIE PAS DE RÉSISTER...
LE NH13 TE GRILLERAIT LE CERVEAU !

HEYYY !!!
M'SIEUR L'ENQUÊTEUR...
Y'A COMME QUI DIRAIT NOT' PUANT D'CADAVRE QUI INCOMMODE LES GENS QU'ATTENDENT LE DOC HUBERT !
QU... QUOI ?
SONT TOUS D'ACCORD POUR NOUS LAISSER PASSER DEVANT ! ÇA VA ÊTRE À NOUS !
HO NAN... NAN ! IMPOSSIBLE ! FAUT QU'ON S'EN AILLE !
AIDE-MOI !
QUOI ? LÀ ? MAINTENANT ? T'ES CINGLÉ ?...
SUIS-MOI, BORDEL !
MAIS QU'EST-CE QUI T'PREND ? REGARDE ! LE VOILÀ, IL...
MAIS QU'EST-CE QU'Y A, BON DIEU ?
ON DIRAIT QU'CE MEC TE FOUT LA TROUILLE !
SHYAMALAN
ELEVAGE D'ASTICOTS
HO ! ÇA Y EST !
J'AI COMPRIS !
DOC HUBERT A BOSSÉ POUR L'ARMÉE... TOUT LE MONDE LE SAIT, ICI... ET C'EST POUR ÇA QUE LES GENS LUI FONT CONFIANCE !
MAIS P'T-ÊTRE QUE TOI, T'AS PAS ENVIE DE CROISER LA ROUTE D'UN ANCIEN MÉDECIN MILITAIRE...

P'T-ÊTRE QUE TU L'AS DÉJÀ VU QUELQUE PART ET QUE ÇA T'EMMERDERAIT QU'IL TE RECONNAISSE !
P'T-ÊTRE QUE T'ES QU'UNE SALOPE DE DÉSERTEUR, HEIN, MONSIEUR L'ENQUÊTEUR PRIVÉ ??!
T'AS DÉSERTÉ PENDANT LA "GRANDE CONSCRIPTION", HEIN ?... C'EST ÇA ?
ALORS, TU VOIS... J'T'AVAIS PAS MENTI, ENFOIRÉ...
LE VIEUX PENG AUSSI POURRAIT ÊTRE UN GRAND DÉTECTIVE !
UN PEU DE CALME !
VOILÀ CE QU'IL NOUS FAUT...

J'AIME PAS TROP EMPLOYER CE TRUC...
MAIS LÀ, ON Y COUPERA PAS.
match
CLIC.BIIIIP...
ORDINATEUR... RECHERCHE DES MÉDECINS OFFRANT LEURS SERVICES SUR LE BOULEVARD SAUTET ET DANS UN PÉRIMÈTRE D'UN KILOMÈTRE...
CONNEXION !
Coucou, Salman !
Jette donc un oeil par ici !
Je viens de retrouver la trace de...
Gordon Etchevaria... recherche n°56-B-K987...
Commandée le 25 octobre 2039. Je t'affiche les données ?
MERCI, SHERLOCK !
CONTRÔLEUR DELMAS !?
SURVEILLANT HAYAT !?
JE VOUS TRANSFÈRE LE DOSSIER D'ETCHEVARIA GORDON, ENQUÊTEUR PRIVÉ, ÂGÉ DE 19 ANS...
IL VIENT DE SE CONNECTER AU RÉSEAU D'ANNONCES PROFESSIONNELLES ROTWEEN-ENGELS !
MERCI, SALMAN !
PROCÉDEZ À LA LOCALISATION ET TENEZ-MOI AU COURANT !

JE SUIS DISPONIBLE À TOUTE HEURE AU 46, RUE CHESNAIS, PARIS XVIIIᴱ !
PAIEMENT EN LIQUIDE, DE PRÉFÉRENCE ! MERCI !
UN NEZ À REFAIRE, UN MENTON À RAFFERMIR, UNE CICATRICE À FAIRE DISPARAÎTRE, JE SUIS L'HOMME QU'IL...
ON VA JAMAIS Y ARRIVER LÀ...
ORDINATEUR...
RÉDUIS LA RECHERCHE AUX OFFRES D'ANALYSES GÉNÉTIQUES SUR LA MÊME ZONE.
BONJOUR !
JE SUIS LA SECRÉTAIRE DU DOCTEUR HALIL ARSLAN, ANCIEN DIRECTEUR DE LA MORGUE DE PARIS.
GRÂCE À UN ÉQUIPEMENT PARFAITEMENT ADAPTÉ, LE CABINET ARSLAN VOUS PROPOSE TOUS TYPES D'ANALYSES POST-MORTEM...
D'UN SIMPLE CONTRÔLE D'IDENTITÉ GÉNÉTIQUE À UNE AUTOPSIE COMPLÈTE...
OÙ EST-IL EN CE MOMENT ?
AU CROISEMENT DU BOULEVARD SAUTET ET DE LA RUE LECONTE... IL SE DÉPLACE VERS LE NORD DE L'ARRONDISSEMENT...
NE LE PERDEZ PAS DE VUE ! CE GARÇON M'A DÉJÀ FAIT PERDRE BEAUCOUP TROP DE TEMPS !
JE COMPRENDS, MONSIEUR !
N'AYEZ AUCUNE INQUIÉTUDE... ETCHEVARIA S'ORIENTE EN UTILISANT UN GUIDAGE SATELLITE INTÉGRÉ À SON "MINI"...
IL EST AUSSI FACILE À SUIVRE QU'UNE BALISE EN TRAIN D'ÉMETTRE.
BIEN ! JE FAIS PARTIR TROIS DE MES HOMMES !
CONDUISEZ-LES JUSQU'À LUI !

GRRR
GROOOA
RRR
BON...
D'APRÈS LE "MINI"... ÇA DEVRAIT ÊTRE ICI...
ÉTRANGE ?... PAS UN CLODO ?... PAS UN RÉFUGIÉ ?...
MÊME PAS UN...
NOM DE...
RRRR

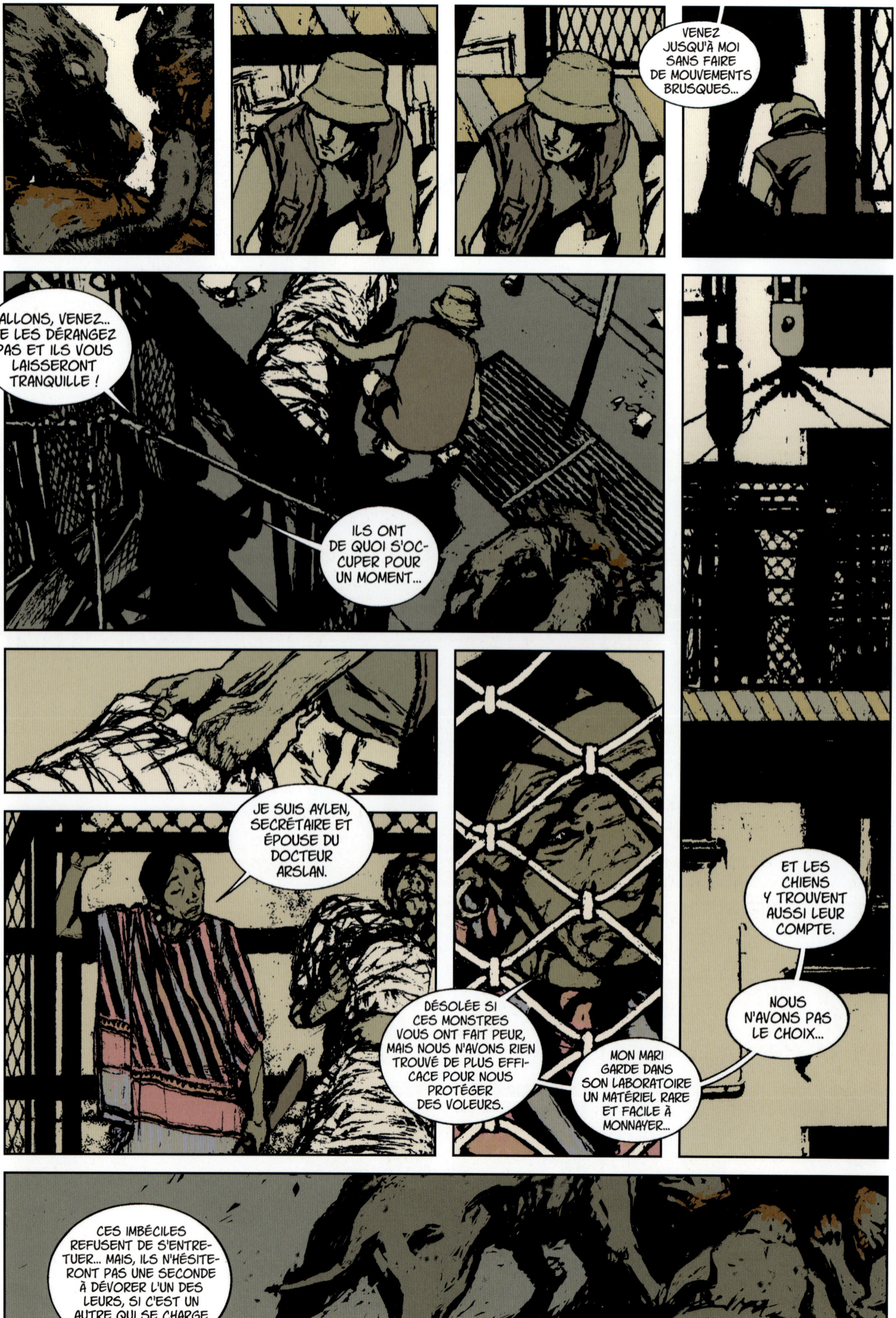

VENEZ JUSQU'À MOI SANS FAIRE DE MOUVEMENTS BRUSQUES...
ALLONS, VENEZ... NE LES DÉRANGEZ PAS ET ILS VOUS LAISSERONT TRANQUILLE !
ILS ONT DE QUOI S'OC-CUPER POUR UN MOMENT...
JE SUIS AYLEN, SECRÉTAIRE ET ÉPOUSE DU DOCTEUR ARSLAN.
DÉSOLÉE SI CES MONSTRES VOUS ONT FAIT PEUR, MAIS NOUS N'AVONS RIEN TROUVÉ DE PLUS EFFI-CACE POUR NOUS PROTÉGER DES VOLEURS.
MON MARI GARDE DANS SON LABORATOIRE UN MATÉRIEL RARE ET FACILE À MONNAYER...
NOUS N'AVONS PAS LE CHOIX...
ET LES CHIENS Y TROUVENT AUSSI LEUR COMPTE.
CES IMBÉCILES REFUSENT DE S'ENTRE-TUER... MAIS, ILS N'HÉSITE-RONT PAS UNE SECONDE À DÉVORER L'UN DES LEURS, SI C'EST UN AUTRE QUI SE CHARGE DU SALE BOULOT.

BIENVENU DANS NOTRE CABINET, M. ETCHEVARIA...
DÉPOSEZ LE CORPS SUR LA TABLE D'AUTOPSIE, S'IL VOUS PLAÎT...
MON MARI VA S'OCCUPER DE LUI TOUT DE SUITE.
À QUEL EXAMEN SOUHAITEZ-VOUS QUE NOUS PROCÉDIONS ?
?!?

MONSIEUR ?
HEIN... EUH... UNE... UNE CONFIRMATION D'IDENTITÉ. RIEN DE PLUS.
JE VOUS AI AMENÉ SON EMPREINTE GÉNÉTIQUE.
BIEN... VOUS AUREZ LES RÉSULTATS DÈS DEMAIN...
POUVEZ-VOUS ME DONNER UN NUMÉRO DE TÉLÉPHONE OU UNE CYBER-ADRESSE ?
BIDIBIDIBIDIBI.BIDIBIDIBIDIBI.BIDI
BIDIBIDIBI.BIDIBI
IBI.BIDIBIDIBIDIBI.BIDIBIDIBIDIBI.B
EUH... EXCUSEZ-MOI... UN... UN CLIENT QUI APPELLE...
ALLEZ-Y... NE VOUS EMBÊTEZ PAS POUR MOI !
IBIDIBI.BIDIBIDI
IDIBI.BIDIBIDIBI
IBI.BIDIBIDIBIDI
.BIDIBIDIBIDIBI.B
IBIDIBIDICLIC
C'EST UN SUICIDE, DOC !

CETTE FILLE S'EST VOLONTAIREMENT NOYÉE DANS LA BAIGNOIRE DE SA CHAMBRE D'HÔTEL !
LE GENRE DE TRUC QU'ON CROIRAIT IMPOSSIBLE DE NOS JOURS... MAIS ELLE, ELLE L'A FAIT.
C'EST UN SUICIDE, PAS DE DOUTE. ELLE A LAISSÉ UN MESSAGE DERRIÈRE ELLE : "JE M'EN VAIS... DU BONHEUR PAR-DESSUS LA TÊTE"...
DRÔLE DE FAÇON DE MONTRER QU'ELLE ÉTAIT HEUREUSE !
J'IMAGINE QU'ELLE A PAS TROP PENSÉ À L'ÉTAT DANS LEQUEL ON LA RETROUVERAIT...
DOC !??
HEY ! DOC... ?!?
BEUAA... ...AARG
BON DIEU ! MAIS QUEL ÂGE T'AS ?
14 ANS, MONSIEUR ETCHEVARIA...
IL S'APPELLE GÜL ! GÜL ARSLAN !
SON PÈRE EST MORT IL Y A DEUX MOIS... D'UN CANCER... EN AYANT JUSTE LE TEMPS D'APPRENDRE SON MÉTIER À SON ENFANT !
GÜL APPREND TRÈS VITE, VOUS SAVEZ ?! C'EST UN GARÇON PRÉCOCE... D'UNE TRÈS GRANDE INTELLIGENCE !
IL EST TOUT AUSSI CAPABLE QU'UN ADULTE... VOUS DEVEZ ME CROIRE !
NOUS N'AVONS PAS ESSAYÉ DE VOUS MENTIR SUR LES COMPÉTENCES DE MON FILS... NON !
SEULEMENT SUR SON ÂGE.
QUAND LES PREMIERS CLIENTS ONT DÉCOUVERT QU'ILS AVAIENT AFFAIRE À UN ENFANT, ILS N'ONT PAS VOULU LUI CONFIER LE TRAVAIL !
NOUS N'AVIONS PLUS UN SOU !
NOUS AVONS CRU QUE NOUS ALLIONS CREVER DE FAIM !
VOUS DEVEZ NOUS FAIRE CONFIANCE, M. ETCHEVARIA !

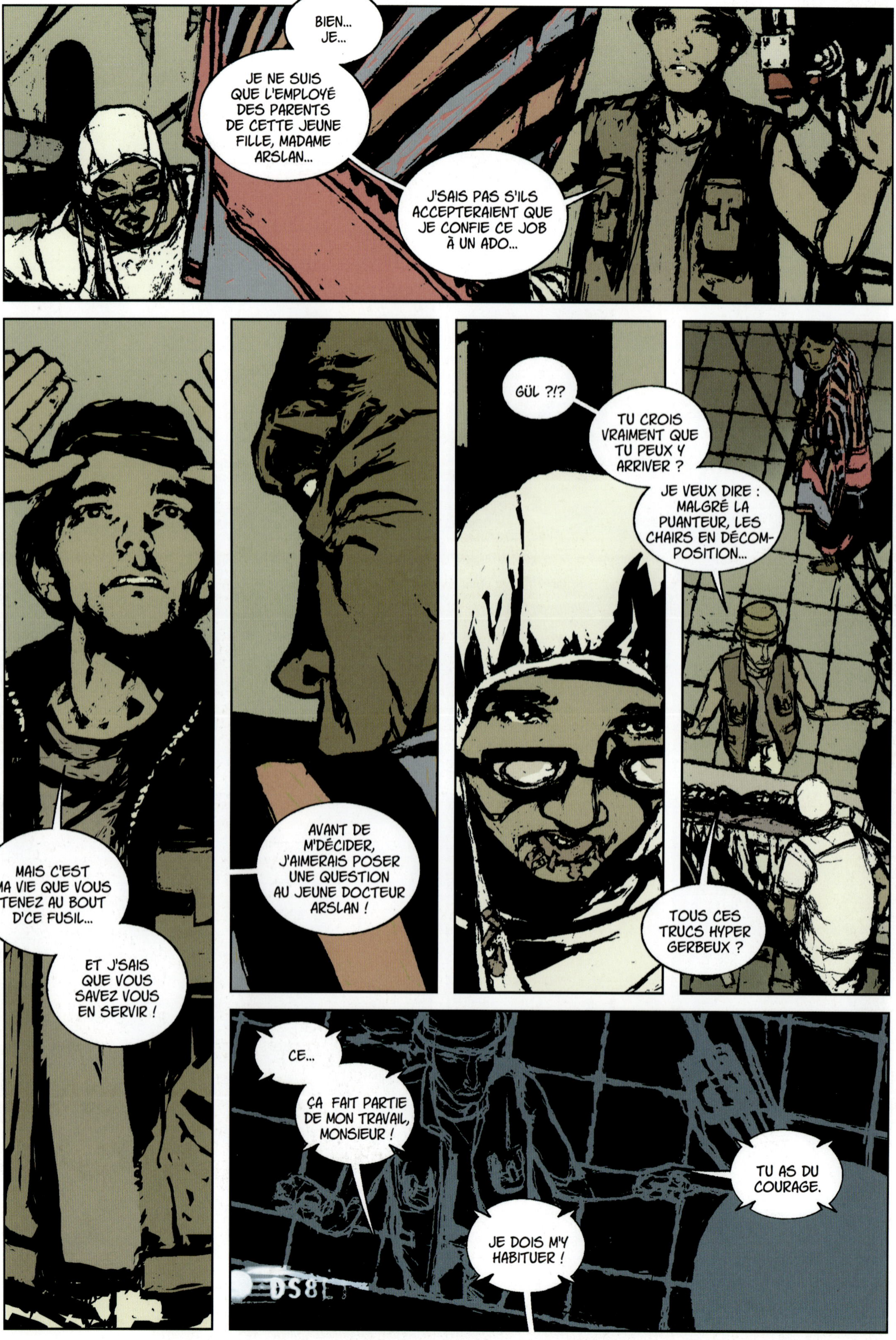
BIEN... JE...
JE NE SUIS QUE L'EMPLOYÉ DES PARENTS DE CETTE JEUNE FILLE, MADAME ARSLAN...
J'SAIS PAS S'ILS ACCEPTERAIENT QUE JE CONFIE CE JOB À UN ADO...
MAIS C'EST MA VIE QUE VOUS TENEZ AU BOUT D'CE FUSIL...
ET J'SAIS QUE VOUS SAVEZ VOUS EN SERVIR !
AVANT DE M'DÉCIDER, J'AIMERAIS POSER UNE QUESTION AU JEUNE DOCTEUR ARSLAN !
GÜL ?!?
TU CROIS VRAIMENT QUE TU PEUX Y ARRIVER ?
JE VEUX DIRE : MALGRÉ LA PUANTEUR, LES CHAIRS EN DÉCOMPOSITION...
TOUS CES TRUCS HYPER GERBEUX ?
CE...
ÇA FAIT PARTIE DE MON TRAVAIL, MONSIEUR !
TU AS DU COURAGE.
JE DOIS M'Y HABITUER !

VOICI LES COORDONNÉES DE MON "MINI". TU POURRAS ME JOINDRE N'IMPOR-TE OÙ !
IL ME FAUT LES RÉSULTATS DEMAIN MATIN.
HO MERCI ! MERCI, MONSIEUR...
QUE... QUE DIEU VOUS BÉNISSE.
"DEMAIN MATIN" OÙ IL N'Y AURA PAS DE SECOND TRAVAIL POUR VOTRE FILS !
GÜL Y PASSERA LA NUIT SI NÉCES-SAIRE... VOUS N'AUREZ PAS À REGRETTER VOTRE CHOIX.
numéro phone a-tj12 active
numéro phone a-tj12 online
MONSIEUR !
GORDON ETCHEVARIA VIENT DE QUITTER LE 7 DE LA RUE TRUFFAUT.

IL EST EN ROUTE POUR RENTRER CHEZ LUI.

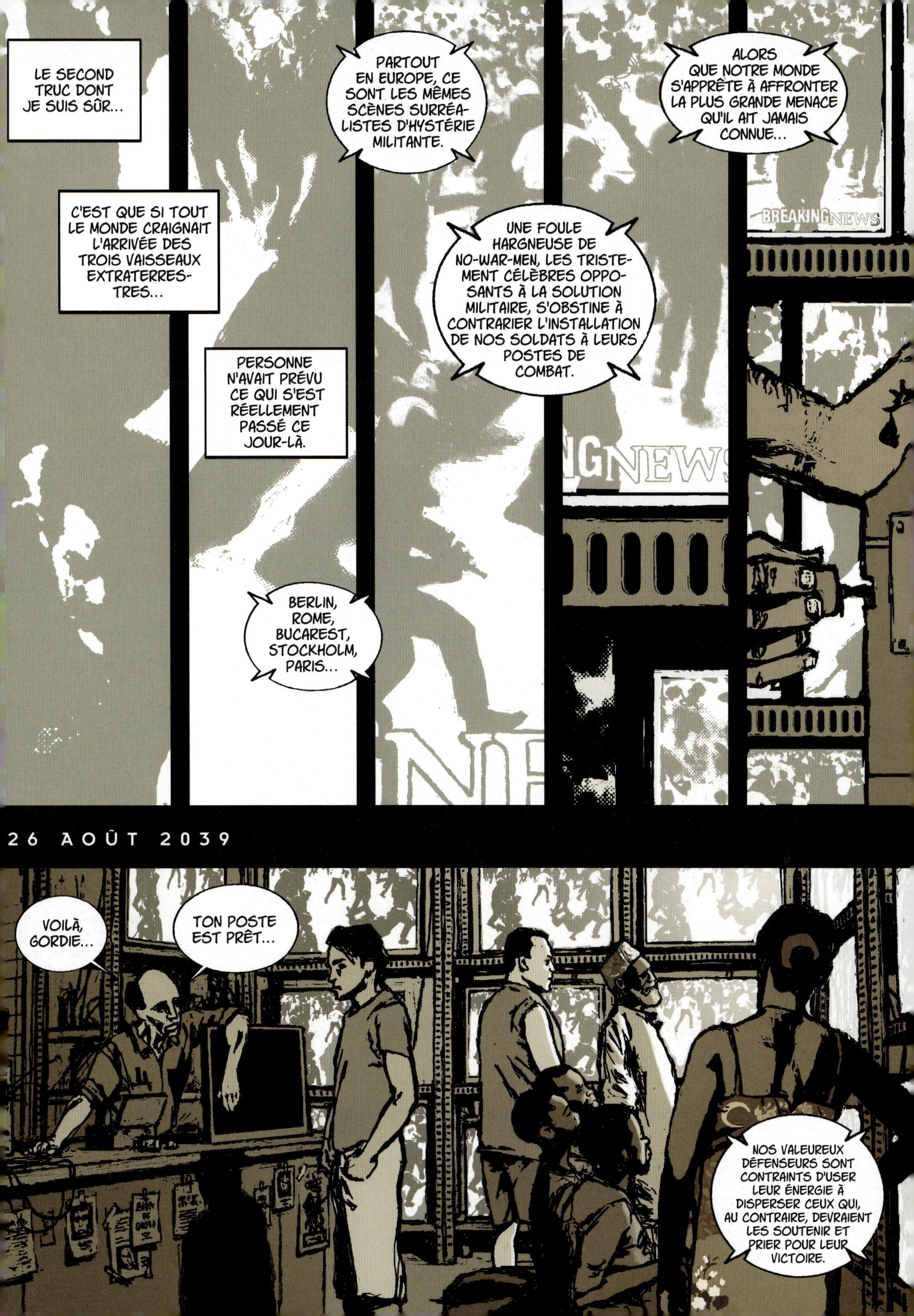
LE SECOND TRUC DONT JE SUIS SÛR...
C'EST QUE SI TOUT LE MONDE CRAIGNAIT L'ARRIVÉE DES TROIS VAISSEAUX EXTRATERRES-TRES...
PERSONNE N'AVAIT PRÉVU CE QUI S'EST RÉELLEMENT PASSÉ CE JOUR-LÀ.
BERLIN, ROME, BUCAREST, STOCKHOLM, PARIS...
PARTOUT EN EUROPE, CE SONT LES MÊMES SCÈNES SURRÉA-LISTES D'HYSTÉRIE MILITANTE.
UNE FOULE HARGNEUSE DE NO-WAR-MEN, LES TRISTE-MENT CÉLÈBRES OPPO-SANTS À LA SOLUTION MILITAIRE, S'OBSTINE À CONTRARIER L'INSTALLATION DE NOS SOLDATS À LEURS POSTES DE COMBAT.
ALORS QUE NOTRE MONDE S'APPRÊTE À AFFRONTER LA PLUS GRANDE MENACE QU'IL AIT JAMAIS CONNUE...
BREAKINGNEWS
26 AOÛT 2039
VOILÀ, GORDIE...
TON POSTE EST PRÊT...
NOS VALEUREUX DÉFENSEURS SONT CONTRAINTS D'USER LEUR ÉNERGIE À DISPERSER CEUX QUI, AU CONTRAIRE, DEVRAIENT LES SOUTENIR ET PRIER POUR LEUR VICTOIRE.

DÉSOLÉ DE PAS POUVOIR TE LE FAIRE À MOINS, HEIN ?...
C'EST PAS LA TÉLOCHE EN ELLE-MÊME QUI COÛTE...
C'EST LE SYSTÈME DE RÉCEPTION-SATELLITE QUI VAUT LA PEAU DES BURNES.
ÇA FAIT UN BAIL QUE L'ARMÉE A RÉQUISITIONNÉ TOUT CE QUI SE FAIT DANS LE GENRE...
ALORS FAUT Y METTRE LE PRIX.
SI TU PENSES QUE C'EST TROP, TU PEUX TOUJOURS RENONCER ET FAIRE COMME LES AUT'...
POUR UN DOLLAR-T LA JOURNÉE, TU VIENS MATER LES NEWS ICI.
CANAPÉS, P'TITE MOUSSE ET BONNE COMPAGNIE AU PROGRAMME !
C'EST P'TÊT NOS DERNIERS JOURS, GORDIE...
C'EST PAS LE MOMENT D'ALLER S'ENTERRER TOUT SEUL DANS SON COIN...
ENFIN...
C'EST TOI QUI VOIS !

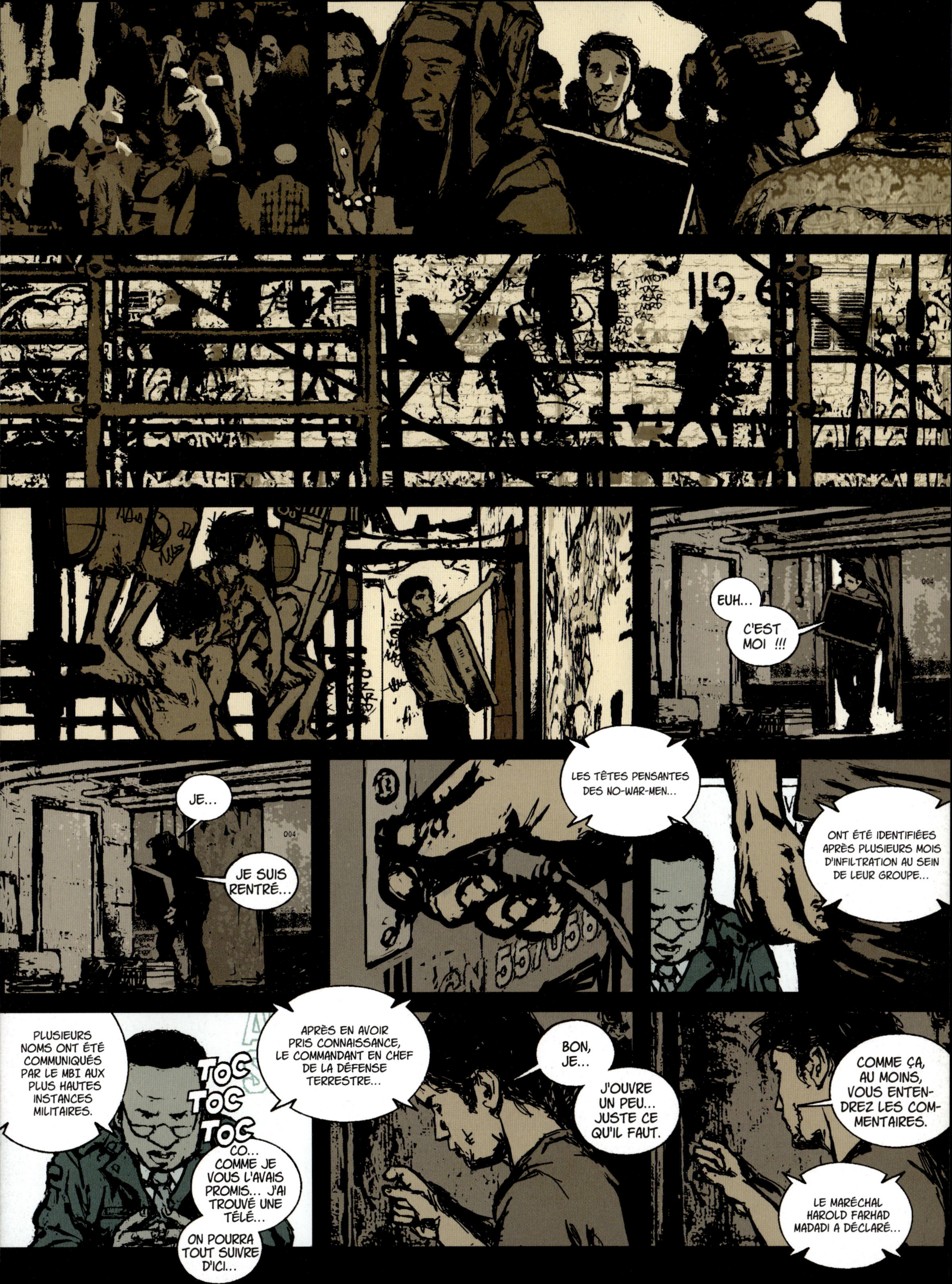
EUH...
C'EST MOI !!!
JE...
JE SUIS RENTRÉ...
LES TÊTES PENSANTES DES NO-WAR-MEN...
ONT ÉTÉ IDENTIFIÉES APRÈS PLUSIEURS MOIS D'INFILTRATION AU SEIN DE LEUR GROUPE...
PLUSIEURS NOMS ONT ÉTÉ COMMUNIQUÉS PAR LE MBI AUX PLUS HAUTES INSTANCES MILITAIRES.
APRÈS EN AVOIR PRIS CONNAISSANCE, LE COMMANDANT EN CHEF DE LA DÉFENSE TERRESTRE...
TOC TOC TOC
CO... COMME JE VOUS L'AVAIS PROMIS... J'AI TROUVÉ UNE TÉLÉ...
ON POURRA TOUT SUIVRE D'ICI...
BON, JE...
J'OUVRE UN PEU... JUSTE CE QU'IL FAUT.
COMME ÇA, AU MOINS, VOUS ENTENDREZ LES COMMENTAIRES.
LE MARÉCHAL HAROLD FARHAD MADADI A DÉCLARÉ...

SI VOUS VOULEZ VENIR VOIR AUSSI LES IMAGES...
PAS DE PRO-BLÈME...
UN GRAND NOMBRE DE LEURS LEADERS FONT PARTIE DE LA COMMUNAUTÉ GAY...
AU CONTRAIRE...
QU'EST-CE QU'ILS ESPÈRENT EN SOUTENANT L'INVASION DE CES MONSTRES ?
SE FAIRE BOURRER LE FION PAR LES E.T. POUR VOIR SI C'EST À LEUR GOÛT ?
DÉSOLÉ, MAIS ON FERA TOUT POUR QU'ILS NE LE SACHENT JAMAIS.
LES TROIS NEFS SPATIALES NE SONT PLUS DÉSORMAIS QU'À DEUX JOURS DE VOL DE NOTRE PLANÈTE...
... LE PRÉSIDENT TRIPPELHORN SE DIT CONFIANT DANS NOS CHANCES, ALORS QU'ON ÉVALUE NOS FORCES À PLUS D'UN MILLIARD ET DEMI DE SOLDATS...
VOICI ENFIN DES CLICHÉS DE CES TROIS VAIS-SEAUX...
DE TOUTE ÉVIDENCE LA TECHNO-LOGIE N'A RIEN D'HUMAINE ET LES SCIENTIFIQUES SE MONTRENT INCAPABLES...
DEUX DES LEADERS DES NO-WAR-MEN ONT ÉTÉ PENDUS CE MATIN...
POUR L'EXEMPLE A DIT LE PRÉSIDENT...
LES MANIFESTATIONS ONT REPRIS ET ONT REDOUBLÉ DE VIOLENCE... COMME SI LE MESSAGE ENVOYÉ PAR L'ONU N'AVAIT FAIT QU'EXCITER DAVANTAGE...
SEIGNEUR DIEU !
FACE À UNE TELLE VISION...
IL EST DIFFICILE DE TROUVER LES MOTS...

QUE... QUE VOUS DIRE...
UNE ESCADRILLE DE SPACIO-PLANES DE L'ONU S'APPROCHE D'UNE DES TROIS NEFS ALORS QU'ELLE S'APPRÊTE À ENTRER DANS NOTRE ATMOSPHÈRE...
C'EN EST AFFOLANT...
ET, MON DIEU, NOS AVIONS SONT SI PETITS... SI RIDICULEMENT MICROSCOPIQUES...
JE NE VOUS CACHE PAS QUE JE SENS TOUT MON CORPS TREMBLER ET QU'UNE SEULE ENVIE DOMINE MON ESPRIT EN CE MOMENT...
FUIR DEVANT CETTE...
FUIR...
21
34
OH SEIGNEUR !
QUE... QUE S'EST-IL PASSÉ ?
QUE S'EST-IL PASSÉ, MON DIEU !
LA NEF A DISPARU !
ELLE N'EST PLUS LÀ !
ON... QUOI ?
ON M'ANNONCE QU'IL EN VA DE MÊME POUR LES DEUX AUTRES NEFS !
C'EST INCROYABLE... LES TROIS NEFS SPATIALES ONT DISPARU DES ÉCRANS RADARS.

23 FÉVRIER 2040
HÉHOO...
JE SUIS À L'APPART DANS UN QUART D'HEURE, VINGT MINUTES...
LE TEMPS DE PRENDRE UNE VRAIE DOUCHE... ET JE MONTE TE REJOINDRE.
J'AI UN CONTACT VISUEL AVEC "MADEMOISELLE" DUANG...
MONSIEUR...

CONTRAIREMENT À CE QUE NOUS AVONS CRAINT PENDANT UN MOMENT, "MADEMOISELLE" DUANG EST EN VIE...
ELLE A MÊME L'AIR EN ASSEZ BONNE SANTÉ...
MONSIEUR ETCHEVARIA NOUS AURAIT DONC ALARMÉS POUR RIEN ?
POUR RIEN, MONSIEUR... CEPENDANT, IL NE NOUS A PAS TROMPÉS...
"MADEMOISELLE" DUANG VIT, BEL ET BIEN, EN COMPAGNIE DE SON JEUNE FRÈRE GORDON...
ALORS, POURQUOI VOUS A-T-IL FALLU SIX LONGS MOIS POUR LES LOCALISER ?
VOUS SERIEZ AVEC NOUS, MONSIEUR... VOUS COMPRENDRIEZ IMMÉDIATEMENT.
NOUS NOUS TROUVONS DEVANT LA CITÉ-VILLE DU PRÉSIDENT EL-JADAHOUI.
UNE DES CINQ CITÉS FANTÔMES ?!?
TOUT À FAIT, MONSIEUR... UN DE CES "PARCS À RÉFUGIÉS" DONT LE GOUVERNEMENT FÉDÉRAL N'A PAS EU LES MOYENS D'ACHEVER LA CONSTRUCTION.
COMME FRACOM N'A JAMAIS RÉALISÉ LE RACCORDEMENT TÉLÉPHONIQUE DE LA CITÉ, LES SQUATTERS ONT BRANCHÉ TOUTE LEUR TÉLÉPHONIE SUR LE RÉSEAU OFFICIEL...
IL EST IMPOSSIBLE DE REMONTER À LA SOURCE D'UN DE LEURS APPELS, CAR CHACUNE DE LEUR CONNEXION EMPRUNTE DES LIGNES ALÉATOIREMENT SÉLECTIONNÉES PAR UN SERVEUR-PARASITE.

MONSIEUR TWIST, AVEZ-VOUS LOCALISÉ L'APPARTEMENT DE "MADEMOISELLE" DUANG ?
ENCORE UN INSTANT, MONSIEUR GAB...
ÇA Y EST... JE LE TIENS !
IL A FALLU ATTENDRE QUE MONSIEUR ETCHEVARIA ACTIVE SON "MINI", PUIS SE CONNECTE À UN RÉSEAU AUQUEL IL EST "NOMMÉMENT" ABONNÉ, POUR QUE NOUS RETROUVIONS SA TRACE.
APPARTEMENT 178... 3E ÉTAGE... COURSIVE OUEST...
ACCÈS PAR ESCALIER 4...
PARFAIT !
MONSIEUR ETCHEVARIA ?!?
MONSIEUR RHETT ETCHEVARIA ?!?... ÊTES-VOUS TOUJOURS AVEC NOUS ?
RESTEZ CONCENTRÉ SUR LE TRAVAIL, JE VOUS PRIE !
VOUS AUREZ TOUT LE TEMPS, APRÈS, POUR PARLER AVEC VOTRE FRÈRE.
MOUAIS !... VOUS LE CONNAISSEZ PAS.

IL VOUDRA PAS ME PARLER...
PAS APRÈS CE QU'ON EST VENUS FAIRE !...
MAIS AU MOINS, JE L'AURAI VU...
JE SAIS QU'IL S'EN SORT...
QU'IL VA BIEN...
C'EST L'ES-SENTIEL !
BEUAAARK
SAINTE MÈRE DE DIEU !...
K'EST-ZE KI PUE KOMME ZA ?
LA PLUS MIGNONNE POUBELLE SUR PATTE...
QUE J'AI VUE AUJOURD'HUI
HÉ, RADJIV !
J'AI EU UN CHIEN.
IL S'APPELAIT "CACAO". UN JOUR, CACAO S'EST VAUTRÉ DANS UNE CHAROGNE DE RAT CREVÉ... ON A CRU QU'ON ARRIVERAIT JAMAIS À LUI ENLEVER CETTE FOUTUE ODEUR...
MAIS JE CROIS QUE CE GARÇON SENT ENCORE PLUS MAUVAIS QUE CACAO.
MONSIEUR ETCHEVARIA A BESOIN D'UNE LONGUE... TRÈS TRÈS LONGUE DOUCHE !
TU AS ENTENDU MADAME MOUNIA, RADJIV ?!?
VOUS AVEZ LES MOYENS DE VOUS PAYER CETTE "TRÈS" LONGUE DOUCHE, MONSIEUR ?
J'AI VINGT CENTS DE DOLLAR-T EN POCHE...

MAIS DEMAIN DES CLIENTS DOIVENT ME RÉGLER DES HONORAIRES PLUTÔT CONSÉQUENTS...
UN PEU LÉGER POUR UNE "TRÈS" LONGUE DOUCHE...
LA MAISON NE FAIT PAS CRÉDIT. DÉSOLÉ !
EH... EH BIEN, MOI, JE METS UN DOLLAR-T...
100 LITRES D'EAU POUR MON AMI GORDIE...
HÉÉÉ... FAITES PAS ÇA, MADAME MOUNIA...
100 !!!
FAUT PENSER À VOUS ! GARDEZ VOS SOUS POUR VOUS PAYER À MANGER.
TE BILE PAS, FILS... MADAME MOUNIA MANGE AVEC LES YEUX...
DISPARU
ÇA SUFFIT À LA RASSASIER.

HEY, PATSY... T'AS DÉJÀ VU CES GUSSES DANS L'QUARTIER ?
SENTENT LES "SPÉ" À PLEIN PIF, CES CONS !
NAN ! JAMAIS !
MOI NON PLUS...
HOLÀ, LES MÔMES... TOUT DOUX...
ON EST PAS FLICS... JE M'APPELLE RHETT ETCHEVARIA...

J'SUIS LE FRANGIN DE GORDIE ETCHEVARIA QUI HABITE AU 3E ÉTAGE OUEST.
Clic
Clic
Clic
MAUVAISE RÉPONSE, POULET...
ÇA FAIT UN BAIL QU'LE GARS GORDIE CRÈCHE À L'EL-JADAHOUI...
"SI L'AVAIT UN FRÉROT, SÛR QU'ON SERAIT AU COURANT..."
ALLEZ ! CASSEZ-VOUS D'ICI, LES CAFARDS !
CASSEZ-VOUS, VOUS ENTENDEZ ?
MINUTE... MINUTE ! JE PEUX PROUVER C'QUE J'DIS...
REGARDEZ ÇA !...
ET ÇA, AUSSI !
TU DIS QU'IL A DES PHOTOS DE LUI AVEC GORDON ?

OUAIS... DES TAS !
CLAIR QU'Y SONT POTES... MAIS ÇA PROUVE PAS QUE C'EST SON FRÉROT.
TU VEUX QU'ON FASSE QUOI, MAMZELLE DUANG ?
EUH... MAMZELLE... ÇA VA ?
OUI... OUI...
C'EST PEUT-ÊTRE BIEN SON FRÈRE...
OUI...
VA... VA VOIR TES COPAINS. DIS-LEUR DE LES LAISSER PASSER !
OKAY !
ATTENDS ! TU AS TON REVOLVER ?
COMME D'HAB, OUAIS !
JE PEUX TE L'EMPRUNTER ?

HEY ! GORDIE ! TOURNE-TOI PAR ICI, MON BEAU !
DONNE M'EN POUR MON POGNON !
ALLEZ ! MERDE ! SOIS...
T-BAM
T-BAM
T-BAM
T-BAM
GENTIL.

ALLEZ-Y ! TUEZ-MOI SI ÇA VOUS CHANTE !
MAINTENANT, JE M'EN COGNE !
LE VOILÀ !
QU'EST-CE QUE... ?
SWIP
FONCE, GORDIE !
ÇA VENAIT DE CHEZ TOI, MEC !
DUAAAANG !

DU...
NAAAN...
NAAAN !
AAAA
AGGGEG
BOM
GEUUG
AAAEEE
GUEU

VROOOAMMVROOVROVROOOAMMVROO
VROM
TUFF
PFF...
Z'ONT COUPÉ L'MOTEUR.
ON EST P'T'ÊTRE BEN ARRIVÉS, C'TE FOIS ?
PUTAIN... ON A ROULÉ COMBIEN DE TEMPS ?
RIEN À BATTRE, DU MOMENT QU'ON SORT DE LÀ...
J'AI LES FESSES EN COMPOTE.

27 mars 2039

GAFFE À VOS YEUX, SOLDATS...
C'EST GRAND SOLEIL...
ET ÇA COGNE DUR PAR ICI !

PUTAIN DE DIEU ! MAIS OÙ EST-CE QU'ON EST, LÀ ?
RHETT ?!?
QUOI, RHETT ?
RHETT, IL EN SAIT PAS PLUS QUE TOI, TÊTE DE PIAF !
JAMAIS VU UN ENDROIT PAREIL !
ET DES BESTIOLES DU GENRE DE CELLES-LÀ, MEC...
T'EN AS DÉJÀ VU ?
HA ! HA ! VOUS PASSEZ À CÔTÉ DU PLUS BEAU, LES GARS !
JETEZ DONC UN ŒIL PAR ICI !

VU LES MATÉRIAUX EMPLOYÉS ET L'ENDROIT OÙ QU'C'EST CONSTRUIT, J'DIRAIS QUE C'TE CITÉ A COÛTÉ LA PEAU DES BURNES.
UN FRIC INOUÏ.
Y'A DES BRUITS QUI COURAIENT À CE SUJET...
COMME QUOI DES CENTAINES DE RICHES SE SERAIENT TIRÉS DES ZONES URBAINES ET SE SERAIENT FAIT BÂTIR DES VILLES RIEN QU'À EUX, DANS DES COINS ISOLÉS ET DIFFICILES D'ACCÈS.
WAOOOH !
C'EST GÉANT, CE TRUC !
ET C'EST PAS LÀ DEPUIS LONGTEMPS, VOUS POUVEZ M'CROIRE...
J'SUIS MAÇON. J'SAIS D'QUOI J'CAUSE...
TU VEUX DIRE QUE... ?
OUAIS, GORDIE... CE TRUC M'A TOUT L'AIR D'UN "NID À RUPINS".
C'EST BON, SOLDATS... SORTEZ-VOUS LES DOIGTS DU CUL...
ON BOUGE !
LAISSEZ VOS PAQUETAGES ET VOS FLINGUES DANS LES CAMIONS !
NE PRENEZ QUE VOS MATRAQUES ET VOS FUSILS À BALLES EN CAOUTCHOUC.
NOUS NE SOMMES PAS EN GUERRE MAIS EN MISSION DE PACIFICATION...
ALLEEEZ !

NOM DE DIEU... CES BESTIAUX SONT CARRÉMENT ÉNORMES...
MOI, ILS ME FOUTENT LES GLANDES GRAVE, RAAA...
TU CROIS QU'ILS SONT DANGEREUX ?
PAS "ILS"... "ELLES"...
COMMENT ÇA "ELLES" ?
BEN OUAIS... T'AS PAS VU LES NICHONS QU'ELLES SE TRIMBALLENT ?
VOS GUEULES, LES HOMMES !
PLUS UN BRUIT ET SORTEZ VOS JUMELLES...
L'OBJECTIF SE TROUVE DERRIÈRE CE RAIDILLON.
HÉ BÉ !
SI C'EST PAS BEAU TOUT ÇA...
BEN, QUOI ?...
C'EST QU'UN CAMPEMENT DE RÉFUGIÉS ?!
OH QUE NON, FRÉROT ! PAS DES RÉFUGIÉS...
CE SONT DES NO-WAR-MEN !
DES CENTAINES DE NO-WAR-MEN VENUS FOUTRE LE BORDEL SOUS LES FENÊTRES DES "HUILES" DE LA FÉDÉRATION.
ET Y SONT PAS VENUS SEULS, CES CONS...
Y'A AUSSI DES "NO-WAR-WOMEN" !

HO ! HO ! PUTAIN !
HAHAHA ! C'EST D'ENFER !
QUOI, RHETT ?
QU'EST-CE QUE T'AS VU ?
JE BANDE, GORDIE ! HAHAHA !
FRCT FRCT
MALGRÉ TOUS LES PUTAINS DE CASTREURS CHIMIQUES QUE CES ENCULÉS FOURRENT DANS NOT' BOUFFE...
LE VIEUX RHETT A TOUJOURS LA...
...TRIQUE
AAAAAA
B-BAM
QU'EST-CE QUE C'EST ?
MMEUUUA... MMEUAAAAAAE
NOM DE DIEU, LES GARS !
QUEL EST LE CONNARD DE FILS DE PUTE QUI A FAIT ÇA ?
LES NO-WAR-MEN NOUS ONT ENTENDUS.
ILS SONT EN TRAIN DE S'ENFUIR.
EUH... SERGENT !
MMEEUUAAAAAA... MMMEEEEUU
OK, BANDE D'ENFOIRÉS ! ON RÉGLERA ÇA PLUS TARD.
POUR L'INSTANT, CAPTUREZ-MOI CES ENFANTS DE SALAUDS ET MAGNEZ-VOUS L'TRAIN...
Y' A UNE VILLE DANS LA VALLÉE, À TROIS BORNES D'ICI... SI CES SODOMITES RÉUSSISSENT À LA REJOINDRE, JE VOUS SOUHAITE BIEN DU PLAISIR POUR LES EN DÉLOGER.

ICI, UNITÉ 7...
KRRR... SERGENT...
ON VIENT D'EN COINCER UNE TRENTAINE.
UNITÉ 5... ON EN EST À 47 PAR ICI...
JE RÉPÈTE : 47...
QUI DIT MIEUX ?
BIEN. AVEC LES AUTRES, ÇA NOUS EN FAIT PRÈS DE 400...
SERGENT !... Y'EN A QU'ONT RÉUSSI À PÉNÉTRER DANS LA VILLE.
'DOIT PAS Y EN AVOIR PLUS D'UNE DOUZAINE.
SUIVEZ-LES, SOLDATS.
E.LECLERC
LA ZONE DOIT ÊTRE INTÉGRALEMENT "DÉSINFESTÉE" AVANT LA NUIT.
ÇA ROULE, SERGENT ! ON LEUR COLLE AU CUL.
PAR LÀ !
EUH... DITES SERGENT... C'EST QUOI, C'TE BANLIEUE ?...
LES TOURS ONT TOUTES L'AIR ABANDONNÉES.
ON DIRAIT UNE VILLE FANTÔME.
FERMEZ VOS GUEULES, SOLDATS !
CONTENTEZ-VOUS DE FAIRE CE QU'ON VOUS DEMANDE DE FAIRE.
B-BAM

RHETT ?
Y'EN A UN QU'EST RENTRÉ DANS L'IMMEUBLE...
JE VOUS LE LAISSE, GORDIE...
MOI, JE M'OCCUPE DE CELLE-LÀ.
DÉSOLÉ, MA PUCE...
FINI LES VACANCES.
J'SAIS PAS CE QU'Y VONT FAIRE DE TOI, MAIS...
VIRE TES PATTES DE MA FEMME, ENFOIRÉ !
PAS TOUCHE !
ET VOUS NON PLUS... RAAAAA
MMM
VOUS ME LA PRENDREZ PAS !
ARRIÈRE
ARRIÈRE, J'AI DIT...
MMMM AF AF

AF...
RHEEETT ?!?
HO, PUTAIN... FRANGIN... ? EST-CE QUE ÇA VA... ?
T'ES VIVANT, DIS ?
PAUV'TARÉ ! QU'EST-CE QU'Y S'IMAGINAIT... SEUL CONTRE NOUS TOUS ?
J'ESPÈRE POUR LUI QU'SA PÉTASSE EN VAUT LA PEINE ?
OH OUAIS...
CARRÉMENT.
ELLE EN VAUT CARRÉMENT LA PEINE.
WAH ! NOM DE DIEU... VOUS AVEZ DÉJÀ VU UNE NANA AUSSI BANDANTE ?
SUR LE NET, OUAIS... MAIS EN VRAI, NAN... JAMAIS DE LA VIE...
ATTENDEZ ! LES CHEFS DISAIENT QUE LES NO-WAR-MEN ÉTAIENT TOUS DES PÉDÉS OU DES GOUINASSES ? POURTANT, CE MEC A DIT QUE C'ÉTAIT "SA" FEMME !?...
VOUS Y COMPRENEZ QUELQUE CHOSE, VOUS ?
J'COMPRENDS QU'J'LE REMERCIERAI JAMAIS ASSEZ D'AVOIR LEVÉ UN CANON PAREIL.
RHETT ?!?
MAIS QU'EST-CE QUE TU FOUS ?
J'AI PAS TOUCHÉ UNE FEMME DEPUIS DES MOIS, GORDIE... DEPUIS QU'ON PRÉPARE CETTE SATANÉE GUERRE QUI N'EN FINIT PLUS D'ARRIVER...
L'OCCASE EST TROP BELLE... JE LA LAISSE PAS PASSER.

RHETT ! ATTENDS !... TU PEUX PAS FAIRE ÇA !
ESSAIE PAS DE M'EN EMPÊCHER, GORDIE... VAUT MIEUX PAS !
SI LE SERGENT L'APPREND, IL VA TE TUER, RHETT !
J'EMMERDE LE SERGENT.
DE TOUTE FAÇON, APRÈS L'HISTOIRE DE LA VACHE, CE TROUDUC VA ME FAIRE LA PEAU...
J'VAIS AVOIR DROIT AU BATAILLON DE RÉÉDUCATION ACCÉLÉRÉE OU PIRE ENCORE...
C'EST SÛREMENT MA DERNIÈRE CHANCE DE TIRER UN COUP AVANT LONGTEMPS.
ET POUR TOI AUSSI, MON P'TIT PUCEAU DE FRANGIN... C'EST SÛREMENT TA DERNIÈRE CHANCE ! DANS QUELQUES MOIS, TU VAS PARTIR À L'ABATTOIR...
ME DIS PAS QUE TU VEUX CREVER COMME ÇA ?... SANS AVOIR FOURRÉ TA QUEUE AU MOINS UNE FOIS DANS UNE BONNE FEMME.
BEN NON, RHETT !
BIEN SÛR QUE NON !
MAIS...
ALORS ON VA FAIRE ÇA ICI...
TRANQUILLE.
SANS QUE PERSONNE VIENNE NOUS FAIRE CHIER.
HÉ ! AIDEZ-MOI...
FAUT LUI ENLEVER SES FOUTUES BOTTES...
JE PEUX PAS LUI VIRER SON PANTALON TANT QU'ELLE A SES FOUTUES BOTTES...
OK, MEC... OK !
HO NON !
PUTAIN ! ON EST TROP VEINARDS ! ELLE EST TROP MORTELLE C'TE MEUF, HUHU !
MMMM
HEY ! ELLE SE RÉVEILLE !
TANT MIEUX.
J'AVAIS PAS ENVIE DE BOURRER UN CADAVRE.
COMME ÇA, CE SERA PLUS SPORT.
C'EST BON POUR LES BOTTES, MEC...
TU PEUX LUI BAISSER SON FUTAL.
NON ! ARRÊ...

TA GUEULE, SALOPE !
FERME-LA ET TOUT SE PASSERA BIEN.
HMMMM HMMMM
ALLEZ ! FAIS PAS TA CHIURE !
DANS QUELQUES MINUTES, ON PEUT EN AVOIR FINI SANS TROP D'BOBO.
FAUT JUSTE QUE TOUT LE MONDE Y METTE UN PEU DU SIEN.
ARRACHE-LUI SON PUTAIN D'STRING !
VAS-Y, RHETT !
ALLEZ, RHETT !
J'EN PEUX PLUS, MOI !
MMMMMMM
?!?
PUTAIN DE DIEU ! J'LE CROIS PAS...
COMMENT J'AI PU ME LAISSER AVOIR !
MERDE !
MEEEERDE !
QUOI, RHETT ?
K'EST-CE QUI VA PAS ?
C'TE CHOSE A UNE BITE DANS LA CULOTTE...
ON A FAILLI BAISER UNE SALOPERIE DE TRAVELO !
RAAAAAA
QUOI !?

OH MERDE !
FAIS CHIER, PUTAIN !
SALOPERIE ! SALOPERIE ! SALOPERIE !
T'AS VOULU NOUS BAISER.
PRENDS-ÇA, SALE MONSTRE !
TIENS !
ET ÇA !
ON VA T'CREVER PÉDALE !
T'CREVER !
T'CREVER !
OH NON !
ELLE EST R'TOMBÉE DANS LES VAPES.
ON L'A PAS TUÉE, DITES, HEIN, LES MECS ?
EN TOUT CAS, ELLE BOUGE PLUS.
C'EST PAS "ELLE"... C'EST "IL"...
EUH... OUAIS... ON S'EN FOUT !
PE... PERSONNE VEUT ÉCOUTER SON CŒUR...
J'CROIS QU'ON VA AVOIR DE SACRÉES EMMERDES !
ARRÊTEZ, LES MECS ! Y VA RIEN NOUS ARRIVER...
ON VA PAS SE LAISSER GÂCHER NOS VIES PAR UN SALE PÉDÉ DONT PERSONNE A RIEN À BRANLER.
SON COPAIN, IL AVAIT PAS L'AIR DE S'EN BRANLER, LUI.
SÛREMENT PAS ! JE TOUCHE PAS À CE MACHIN-LÀ, MOI !
EXACT !
SAUF QUE... S'IL SAIT PAS OÙ ELLE EST...
IL POURRA RIEN FAIRE... CONTRE NOUS.
ON VA LA LOURDER DANS C'TE CAGE D'AS-CENSEUR, LÀ !
AIDEZ-MOI...
SERGENT VASSEUR À UNITÉ 11...
RÉPONDEZ, UNITÉ 11 ?
POURQUOI EST-CE QUE NOUS N'AVONS PLUS DE NOUVELLES DE VOUS ?...
SOLDAT RHETT ETCHEVARIA AU RAPPORT, SERGENT.
ON AVAIT COUPÉ NOS RADIOS, LE TEMPS DE PROCÉDER À LA CAPTURE D'UN DES FUYARDS. ON VOUS LE RAMÈNE FISSA.
ALORS... VOUS AVEZ ENTENDU, LES GARS... ?
ON DIT QUE LA FILLE A RÉUSSI À S'ENFUIR... LE SEUL QU'ON A PU COINCER, C'EST LE MEC...
C'EST BIEN COMPRIS POUR TOUT LE MONDE ?
ALORS, ON Y VA !

HEY ? GORDIE ?
T'ES AVEC NOUS, FRANGIN ?!
HEIN ?... EUH... OUAIS ! OUAIS ! J'ARRIVE !
MMMMMMMMM
MMM
AAAA
CALME, GORDIE...
C'EST RIEN...
TU T'EN TIRES BIEN, MON AMI ! JUSTE UNE MÉCHANTE BOSSE À LA BASE DE LA NUQUE...
LES MÔMES AURAIENT MÊME PAS DÛ M'APPELER...
EUG...
MAIS TOUT CE SANG LEUR A FOUTU LA TROUILLE...
Z'ONT PAS VU QUE C'ÉTAIT PAS LE TIEN.
ET POUR LUI, DOC ? TU FAIS RIEN ?
MADEMOI-SELLE DUANG A SHOOTÉ CE CONNARD !
FAUT CROIRE QU'Y MÉRITAIT PAS DE VIVRE.

C'EST VRAI QU'C'ÉTAIT TON FRÈROT, GORDIE ?
DOC, JE T'EN PRIE ?!... LE LAISSE PAS COMME ÇA !
MADEMOISELLE DUANG L'A SHOOTÉ, MEC...
SI ON VEUT REVOIR DUANG, VA FALLOIR QU'Y NOUS DISE OÙ CES TYPES EN DISCOGYRES L'ONT EMMENÉE... ET POUR ÇA, FAUT QU'IL VIVE ! COMPRIS ?
DOC ?
OK, GORDIE ! JE M'EN OCCUPE !
BOUDDA ! FAIS-MOI SORTIR TOUT CE P'TIT MONDE.
LE DOC A BESOIN DE SE CONCENTRER.
ÇA FAIT LONGTEMPS QU'IL A PAS EU PLUS GRAVE QU'UNE PNEUMONIE À SE METTRE SOUS LA DENT.
'OUS A'EZ EN'ENDU ?!
CHORTEZ.
TOI AUCHI, GORDIE...
DE'O' !
JE T'APPE'E'AI QUAND CHE CHE'A FI'I !

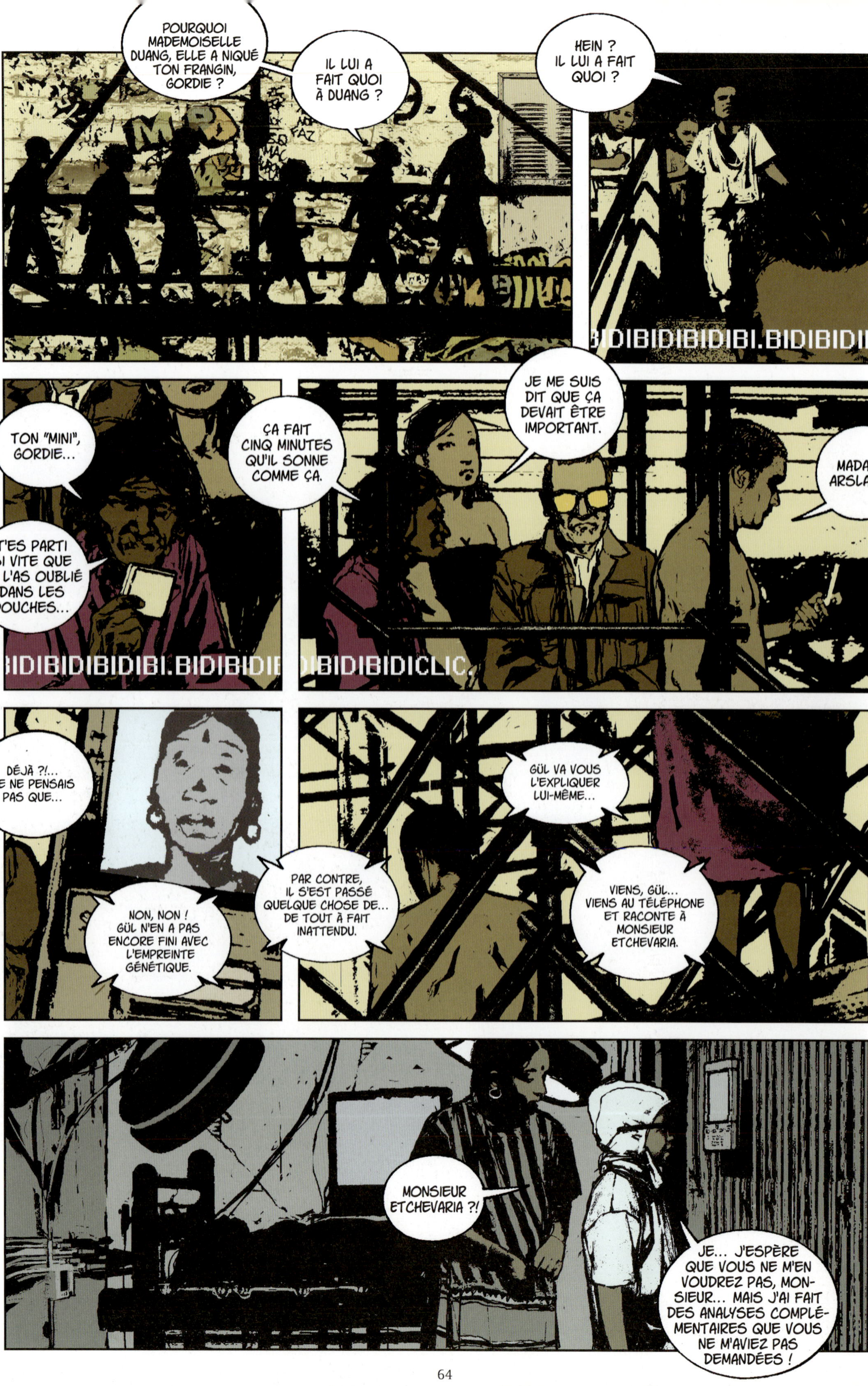
POURQUOI MADEMOISELLE DUANG, ELLE A NIQUÉ TON FRANGIN, GORDIE ?
IL LUI A FAIT QUOI À DUANG ?
HEIN ? IL LUI A FAIT QUOI ?
BIDIBIDIBIDIBI.BIDIBIDI
TON "MINI", GORDIE...
T'ES PARTI SI VITE QUE TU L'AS OUBLIÉ DANS LES DOUCHES...
BIDIBIDIBIDIBI.BIDIBIDI
ÇA FAIT CINQ MINUTES QU'IL SONNE COMME ÇA.
JE ME SUIS DIT QUE ÇA DEVAIT ÊTRE IMPORTANT.
BIDIBIDIBIDICLIC.
MADAME ARSLAN ?!
DÉJÀ ?!... JE NE PENSAIS PAS QUE...
NON, NON ! GÜL N'EN A PAS ENCORE FINI AVEC L'EMPREINTE GÉNÉTIQUE.
PAR CONTRE, IL S'EST PASSÉ QUELQUE CHOSE DE... DE TOUT À FAIT INATTENDU.
GÜL VA VOUS L'EXPLIQUER LUI-MÊME...
VIENS, GÜL... VIENS AU TÉLÉPHONE ET RACONTE À MONSIEUR ETCHEVARIA.
MONSIEUR ETCHEVARIA ?!
JE... J'ESPÈRE QUE VOUS NE M'EN VOUDREZ PAS, MONSIEUR... MAIS J'AI FAIT DES ANALYSES COMPLÉMENTAIRES QUE VOUS NE M'AVIEZ PAS DEMANDÉES !

C'EST MON PREMIER SUICIDÉ, VOUS COMPRENEZ… ALORS, J'AI PRATIQUÉ UNE AUTOPSIE COMPLÈTE POUR… POUR M'ENTRAÎNER… VOUS COMPRENEZ ?
ET ?
PARMI TOUTES LES CHOSES QUE J'AI FAITES, IL Y A UNE ANALYSE DE L'EAU QUE J'AI RÉCUPÉRÉE DANS LES POUMONS DE LA VICTIME.
EH BIEN… QUAND VOUS VOULEZ FAIRE UNE ANALYSE, IL FAUT PRENDRE UN ÉCHANTILLON-TEST… UN ÉCHANTILLON NEUTRE, SI VOUS PRÉFÉREZ… QUI VA VOUS PERMETTRE DE RÉALISER DES COMPARAISONS ET DÉCOUVRIR CE QU'IL Y A EN TROP OU CE QUI MANQUE.
OK ! JE VOIS !…
J'AI DONC PRIS UN PEU D'EAU DU ROBINET, CHEZ MOI, POUR COMPARER AVEC L'EAU TROUVÉE DANS LES POUMONS DE VOTRE CLIENTE.
ET ?
C'EST LÀ QU'IL Y A UN PROBLÈME, MONSIEUR…
DANS L'EAU DU SUICIDÉ, J'AI TROUVÉ UN TAUX DE 1 POUR 50 D'UNE DROGUE EUPHORISANTE APPELÉE LE "SMILE"…
J'AI AUSSITÔT REPENSÉ À LA PHRASE LAISSÉE DERRIÈRE ELLE PAR VOTRE CLIENTE : "JE PARS DU BONHEUR PAR-DESSUS LA TÊTE"…
EN FAIT, ELLE ÉTAIT PLONGÉE JUSQU'AUX OREILLES DANS UN BAIN HALLUCINOGÈNE. JE PENSE QU'ELLE EST MORTE EUPHORIQUE… PRESQUE SANS S'EN RENDRE COMPTE.
EH BIEN, COOL ! ELLE A DROGUÉ SON BAIN, C'EST…
SAUF QUE… EN ANALYSANT MON ÉCHANTILLON-TEST, C'EST-À-DIRE L'EAU PROVENANT DE MON PROPRE COMPTEUR.
J'AI RETROUVÉ TRÈS EXACTEMENT LE MÊME TAUX DE "SMILE" QUE DANS L'EAU DE SON BAIN…
DISPARU
DISPARUE
CIGARETTE À L'UNITÉ 2 CENTS
IDEM DANS UN ÉCHANTILLON RÉCUPÉRÉ PAR MA MÈRE DANS UN ARRONDISSEMENT VOISIN.
ENCORE 30 SECONDES ET ON DEVRAIT LES VOIR…
JE… JE NE COMPRENDS PAS ?

C'EST POURTANT SIMPLE, MONSIEUR ETCHEVARIA : TOUTE L'EAU QUI CIRCULE DANS CETTE VILLE EST DROGUÉE !
OUI... REGARDEZ !
LES VOILÀ !
PERSONNE NE SEMBLE EN AVOIR CONSCIENCE, MAIS VOTRE SUICIDÉE, ELLE, ÉTAIT AU COURANT.
ILS ARRIVENT !

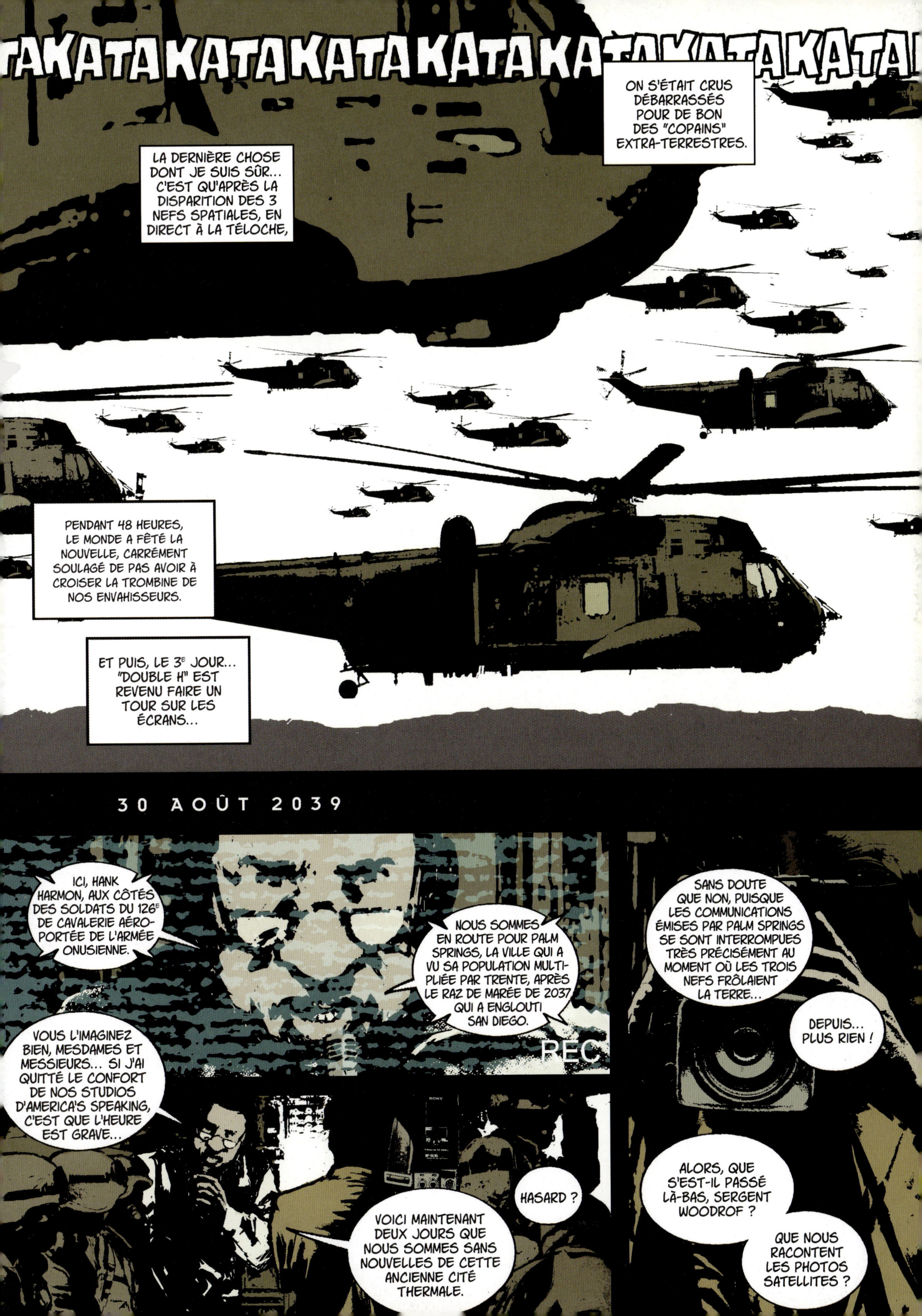
TAKATAKATAKATAKATAKATAKATAKATA
LA DERNIÈRE CHOSE DONT JE SUIS SÛR… C'EST QU'APRÈS LA DISPARITION DES 3 NEFS SPATIALES, EN DIRECT À LA TÉLOCHE,
ON S'ÉTAIT CRUS DÉBARRASSÉS POUR DE BON DES "COPAINS" EXTRA-TERRESTRES.
PENDANT 48 HEURES, LE MONDE A FÊTÉ LA NOUVELLE, CARRÉMENT SOULAGÉ DE PAS AVOIR À CROISER LA TROMBINE DE NOS ENVAHISSEURS.
ET PUIS, LE 3E JOUR… "DOUBLE H" EST REVENU FAIRE UN TOUR SUR LES ÉCRANS…
30 AOÛT 2039
ICI, HANK HARMON, AUX CÔTÉS DES SOLDATS DU 126E DE CAVALERIE AÉROPORTÉE DE L'ARMÉE ONUSIENNE.
NOUS SOMMES EN ROUTE POUR PALM SPRINGS, LA VILLE QUI A VU SA POPULATION MULTIPLIÉE PAR TRENTE, APRÈS LE RAZ DE MARÉE DE 2037 QUI A ENGLOUTI SAN DIEGO.
REC
VOUS L'IMAGINEZ BIEN, MESDAMES ET MESSIEURS… SI J'AI QUITTÉ LE CONFORT DE NOS STUDIOS D'AMERICA'S SPEAKING, C'EST QUE L'HEURE EST GRAVE…
VOICI MAINTENANT DEUX JOURS QUE NOUS SOMMES SANS NOUVELLES DE CETTE ANCIENNE CITÉ THERMALE.
HASARD ?
SANS DOUTE QUE NON, PUISQUE LES COMMUNICATIONS ÉMISES PAR PALM SPRINGS SE SONT INTERROMPUES TRÈS PRÉCISÉMENT AU MOMENT OÙ LES TROIS NEFS FRÔLAIENT LA TERRE…
DEPUIS… PLUS RIEN !
ALORS, QUE S'EST-IL PASSÉ LÀ-BAS, SERGENT WOODROF ?
QUE NOUS RACONTENT LES PHOTOS SATELLITES ?

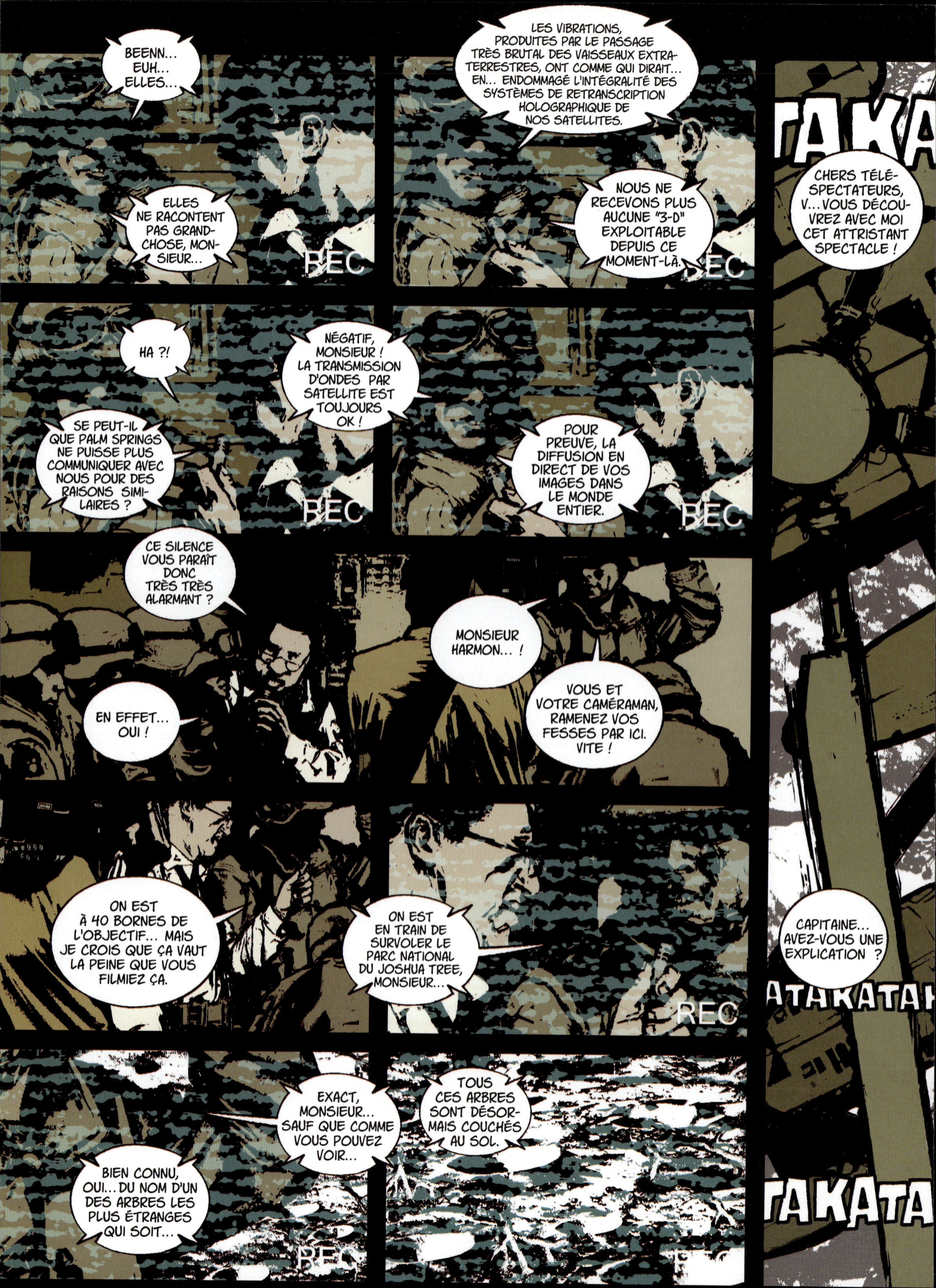
BEENN... EUH... ELLES...
ELLES NE RACONTENT PAS GRAND-CHOSE, MONSIEUR...
REC
LES VIBRATIONS, PRODUITES PAR LE PASSAGE TRÈS BRUTAL DES VAISSEAUX EXTRA-TERRESTRES, ONT COMME QUI DIRAIT... EN... ENDOMMAGÉ L'INTÉGRALITÉ DES SYSTÈMES DE RETRANSCRIPTION HOLOGRAPHIQUE DE NOS SATELLITES.
NOUS NE RECEVONS PLUS AUCUNE "3-D" EXPLOITABLE DEPUIS CE MOMENT-LÀ.
TAKA
CHERS TÉLÉSPECTATEURS, V... VOUS DÉCOUVREZ AVEC MOI CET ATTRISTANT SPECTACLE !
HA ?!
SE PEUT-IL QUE PALM SPRINGS NE PUISSE PLUS COMMUNIQUER AVEC NOUS POUR DES RAISONS SIMILAIRES ?
REC
NÉGATIF, MONSIEUR ! LA TRANSMISSION D'ONDES PAR SATELLITE EST TOUJOURS OK !
POUR PREUVE, LA DIFFUSION EN DIRECT DE VOS IMAGES DANS LE MONDE ENTIER.
REC
CE SILENCE VOUS PARAÎT DONC TRÈS TRÈS ALARMANT ?
EN EFFET... OUI !
MONSIEUR HARMON... !
VOUS ET VOTRE CAMÉRAMAN, RAMENEZ VOS FESSES PAR ICI. VITE !
ON EST À 40 BORNES DE L'OBJECTIF... MAIS JE CROIS QUE ÇA VAUT LA PEINE QUE VOUS FILMIEZ ÇA.
ON EST EN TRAIN DE SURVOLER LE PARC NATIONAL DU JOSHUA TREE, MONSIEUR...
REC
CAPITAINE... AVEZ-VOUS UNE EXPLICATION ?
ATAKATAK
BIEN CONNU, OUI... DU NOM D'UN DES ARBRES LES PLUS ÉTRANGES QUI SOIT...
EXACT, MONSIEUR... SAUF QUE COMME VOUS POUVEZ VOIR...
TOUS CES ARBRES SONT DÉSORMAIS COUCHÉS AU SOL.
TAKATA

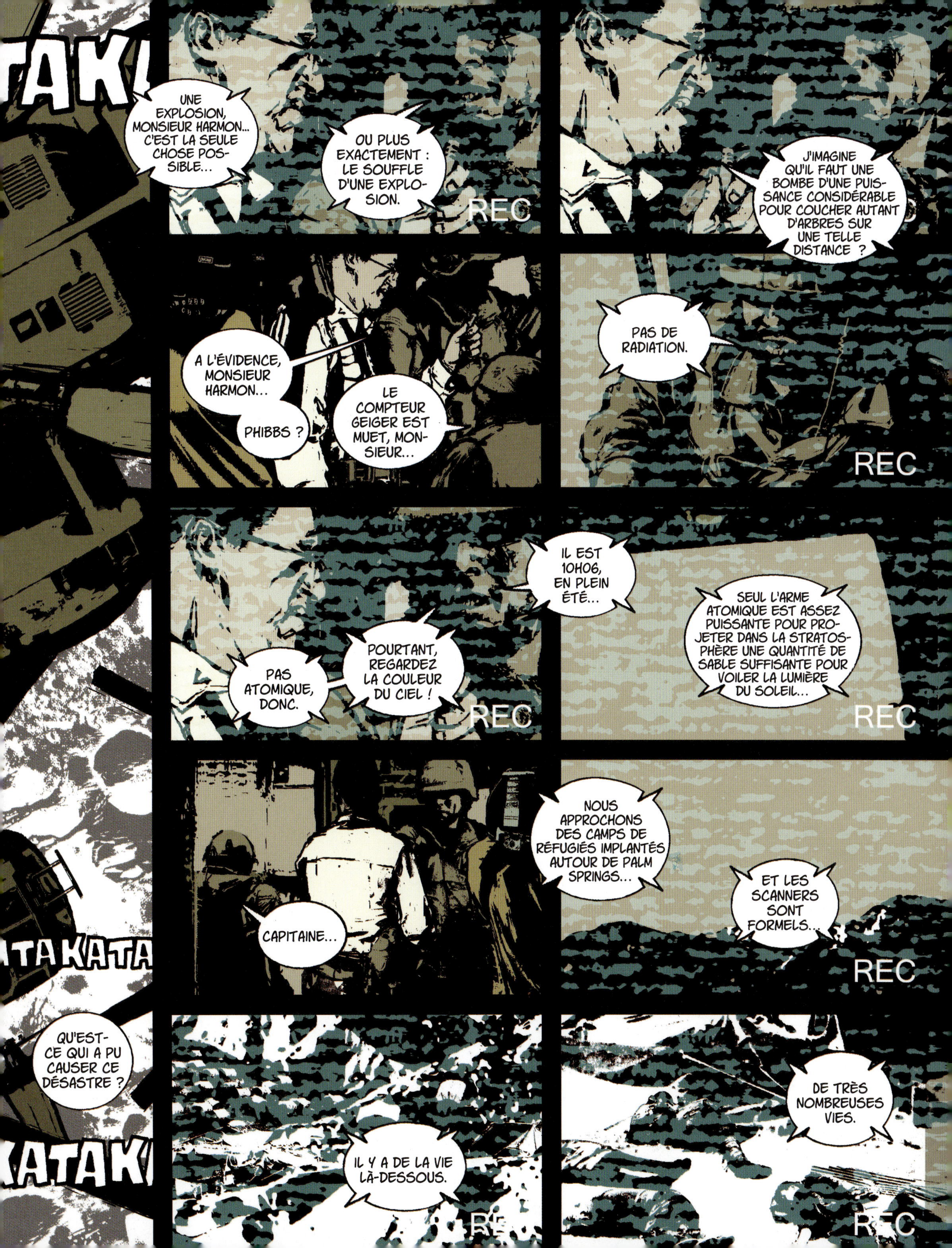
TAK!
UNE EXPLOSION, MONSIEUR HARMON... C'EST LA SEULE CHOSE POSSIBLE...
OU PLUS EXACTEMENT : LE SOUFFLE D'UNE EXPLOSION.
REC
J'IMAGINE QU'IL FAUT UNE BOMBE D'UNE PUISSANCE CONSIDÉRABLE POUR COUCHER AUTANT D'ARBRES SUR UNE TELLE DISTANCE ?
A L'ÉVIDENCE, MONSIEUR HARMON...
PHIBBS ?
LE COMPTEUR GEIGER EST MUET, MONSIEUR...
PAS DE RADIATION.
REC
IL EST 10H06, EN PLEIN ÉTÉ...
PAS ATOMIQUE, DONC.
POURTANT, REGARDEZ LA COULEUR DU CIEL !
REC
SEUL L'ARME ATOMIQUE EST ASSEZ PUISSANTE POUR PROJETER DANS LA STRATOSPHÈRE UNE QUANTITÉ DE SABLE SUFFISANTE POUR VOILER LA LUMIÈRE DU SOLEIL...
REC
TAKATA
CAPITAINE...
NOUS APPROCHONS DES CAMPS DE RÉFUGIÉS IMPLANTÉS AUTOUR DE PALM SPRINGS...
ET LES SCANNERS SONT FORMELS...
REC
QU'EST-CE QUI A PU CAUSER CE DÉSASTRE ?
KATAK!
IL Y A DE LA VIE LÀ-DESSOUS.
DE TRÈS NOMBREUSES VIES.

KATAKATA
TAKATAKATAK
SAINTE MÈRE DE DIEU !
TAKATAKATAKATAKATAKATAKATAKATAKAT
PALM SPRINGS !!!
DZOBIESKI ?
JE CONFIRME, MONSIEUR... IL Y A DE LA VIE...
J'IGNORE COMMENT... MAIS IL Y EN A EN QUANTITÉ !
ALORS, ON DESCEND DANS CE FOUTU CRATÈRE !
DZOBIESKI... RÉCLAMEZ L'ENVOI D'URGENCE D'UN BATAILLON MÉDICAL ET LA MISE EN PLACE D'UN PONT AÉRIEN POUR L'ÉVACUATION DES BLESSÉS.

TAKATAKATAKATAKATAKATAKATAK
KA...
C'EST IMPOSSIBLE, HANK... PERSONNE N'A PU SURVIVRE À UNE EXPLOSION PAREILLE ?!
JE NE SAIS PAS QUOI TE DIRE, AARON...
VRAIMENT PAS...
À PART : FILME.
PAR ICI, CAPITAINE...
REC
ON LES A TROUVÉS !
NOUS AUSSI, CAPITAINE !!!
REC
EST-CE QU'ILS VONT BIEN ?
OÙ SONT-ILS, MON GARÇON ?
EUH... EN...
EN FAIT... C'EST PAS TROP CE QU'ON IMAGINAIT, MONSIEUR HARMON...
RIEN À VOIR, MÊME...
VOUS ALLEZ AVOIR DU MAL À LE CROIRE...
MAIS LA VIE...
C'EST DANS CES "TRUCS-LÀ" QU'ELLE SE TROUVE.
REC

TZZ..TZZCCCRRRR..TZZCRRRRRRCCCRRRR

Bibliographie Freddy Martin

Parole de tox (collectif)
Édition Futuropolis

Serpenters (2 tomes parus)
Édition Delcourt

Tour à Tours (collectif)
Édition La Comédie Illustrée

Bibliographie Luc Brunschwig

Édition Futuropolis

La Mémoire dans les Poches
dessins d'Etienne Le Roux (1 tome paru)

Holmes
Dessin de Cécil (1 tome paru)

Le sourire du clown
Dessin de Laurent Hirn (1 tome paru)

Édition Dargaud

Mic Mac Adam
Dessins de Benn (4 tomes parus)

Édition Delcourt

Le Pouvoir des Innocents
Dessins de Laurent Hirn (5 tomes parus)

L'Esprit de Warren
Dessins de Servain (4 tomes parus)

Vauriens
Dessins de Laurent Cagniat (3 tomes parus)

Édition Dupuis

Makabi
Dessins d'Olivier Neuray (4 tomes parus)

Édition Les Humanoïdes associés

Angus Powderhill
Dessins de Vincent Bailly (2 tomes parus)

Retrouvez Freddy Martin, Vincent Froissard et Etienne Le Roux sur http://www.lesillustrateurs.com

*Merci à Alexandre pour les traits de Gordon.
Merci à Luc Brunschwig, William Friedkin, Vincent Froissard, Didier Gonord, Jean-Marie Huitel, Jack Kirby, Etienne Le Roux, Sidney Lumet, Françoise Martin, Matthew Murdock, Mano Pellé, Serge Pellé, Fabien Phelippot, George A. Romero, Mohamed Lamine Landoulsi, Leïla Zar-Ayan pour le plaisir partagé.*

À Malika, à Kenza.

F.M

Pour Sébastien Gnaedig, l'aventure qu'il m'a laissé tenter avec la défunte collection 32... et tout ce qui nous lie depuis plus de 10 ans.

L.B

Recueil des épisodes 1 et 2 de Après la guerre, collection 32.
Ouvrage dirigé par Luc Brunschwig

Conception et réalisation graphique : Didier Gonord pour Futuropolis

Cet ouvrage a été imprimé en avril, sur du papier Périgord 130 g.
Imprimé chez Lesaffre à Tournai, Belgique.

Dépôt légal : Mai 2007
ISBN : 978- 2-75480-0134-8
717162